東アジアの危機

「新聞の大学」講義録

モデレーター
一色 清 Isshiki Kiyoshi
姜尚中 Kang Sang-jung

藤原帰一 Fujiwara Kiichi
保阪正康 Hosaka Masayasu
金子 勝 Kaneko Masaru
吉岡桂子 Yoshioka Keiko

a pilot of wisdom

目次

第二回　アジアの軍縮・軍備管理と日本　藤原帰一──53

【Q&A】

第三回　世界における歴史認識と日本　保阪正康――――――95

まえがき

姜尚中

第一次世界大戦から百年、世界は資本と情報、ヒトとモノとが自由に飛び交うフラットな「グローバル・ヴィレッジ」になると期待されていた。なかでも東アジアは、そのグローバル・ヴィレッジの成長著しい「優等生」になるはずだった。だが、現実はどうか。

まるで第一次世界大戦の破局へと向かっていったころと同じように、東アジアの主要諸国とのあいだに、領土や権益、歴史やナショナリズムをめぐって一触即発の危機の火ダネがくすぶっている。

その対立や相克の地政学的な条件や歴史にさまざまな違いがあるにしても、共通していることは、「フラット化する世界」という、グローバル化の皮相なテーゼとは裏腹に、東アジアの先進国、新興国を問わず、ナショナリズムや自国中心主義、国家主権や文化的独自性の意識、さらに宗教復興運動など、一見するとグローバルな自由主義的市場経済にとって障壁となるような共同体復興運動とでも言うべき現象が顕在化しつつあることだ。それは、一定の境界領域で囲われた「われわれ意識」を駆り立てる擬似的な共同体意識であり、本来のゲマインシャフト的な共同体とは似て非なるものだ。

なぜこうした、グローバルな市場経済の拡大と、それに抗うような擬似的な共同体の台頭という、矛盾した二重運動が東アジアを席巻しつつあるのか。

そこから見えてくるのは、格差や不平等、失業や雇用不安、社会福祉の収縮や環境の荒廃など、新自由主義的なグローバル市場経済の浸透に伴う社会の流動化と不安定化である。そうした危機的な内部要因が、アメリカの覇権の相対的な低下と新興国・中国の台頭という、東アジアの地政学的なパワー・シフトとリンクし、東アジアの地域的秩序は今、過渡的な移行期の危機を経験しつつあるように見える。

それがどこで収束し、新たな地域的秩序の萌芽が現れてくるのか、予断を許さないが、本書に収録されている優れた講師陣の講義を通じて、それを読み解くヒントを摑むことができるに違いない。

第一回　東北アジアと日本の将来を考える

姜尚中

〔カン・サンジュン〕

政治学者・作家。一九五〇年、熊本県生まれ。聖学院大学学長、東京大学名誉教授。著書に『マックス・ウェーバーと近代』『日朝関係の克服――なぜ国交正常化交渉が必要なのか』『在日』『姜尚中の政治学入門』『愛国の作法』『悩む力』『続・悩む力』『心の力』など。小説作品に『母―オモニ―』『心』がある。

（講義日　二〇一三年一〇月一五日）

【講演】

なぜ「北東アジア」ではなく「東北アジア」なのか

早速ですが、講義を始めさせていただきます。

まず、モーゲンソーの『国際政治　権力と平和』（上・中・下　岩波文庫）の中の文章を少し引用させてください。この本は、国際政治を学ぶ人であれば必ず一回は勉強する古典的名著であり、モーゲンソーはリアリストとして著名な学者です。

「互いに恐怖に陥り、この恐怖をやわらげようとして軍備競争に引き込まれると、どちらの側も、最初に仮定した相手の帝国主義を現実の経験的なふるいにかけることができなくなる。もともと現実への神話的な認識にすぎなかったものが、いまや自己充足的予言になってしまう。つまり、相互恐怖から生まれる政策が、最初の仮説が正しかったことを示す経験的証拠であるかのように思われるのである。」（※上巻　一八二ページ）

モーゲンソーがここで言う「帝国主義」は、現実の国際的な秩序を変えるものととらえていただいて結構ですが、たとえば昔、日本が持たざる国として英米に立ち向かったような、今ある現状の秩序を変える動きのことで、これはよし悪《あ》しの問題ではありません。

日本が中国をどうとらえるのか、アメリカが中国をどう見ているのか、そして、お互いの国がお互いに対してどう向き合っているのかということを考えるときに、モーゲンソーのこの指摘は今でもあてはまります。そのような問題が起きている場として、東北アジアを考えていきましょう。

この「東北アジアと日本」というタイトル中の言葉に混乱されている方もいるかもしれません。事前にお配りしていた講義案内では「北東アジアと日本」になっていたのですが、それをなぜ「東北アジア」にしたのか、ということについて、お話ししたいと思います。

英和辞書を調べていただくとわかりますが、Southeast Asia の訳語は「東南アジア」に決まっているのに、Northeast Asia で「東北アジア」という言葉はまず出てきません。しかし、漢字圏に生活しているわれわれの言語感覚としては「東西南北」というように、東が最初に来るわけです。その次に西、そして南が来て、最後に北です。だから、Southeast Asia を英語の順番そのままに「南東アジア」と言えば、われわれは奇異に思いますし、「東南アジア」に対応する言葉は「東北アジア」であるはずです。

それなのに、なぜ Southeast Asia を漢字では東から始まって次に南としているのに、

Northeast Asia は逆なのでしょう。

名前というものは単なる記号ではなく、必ず来歴があり、また現実の力関係を反映しています。Northeast Asia は、どこから見た方角なのかと言えば、それは、アメリカ政府が位置するワシントンＤＣです。そのことの意味について、少し考えてみましょう。

人間は、地理的に何かを見るとき、必ずその中心となるものを持っています。つまり、何かの中心があって初めて地理的な概念というものが生まれてくるのです。たとえば、ある教科書の中に「朝鮮半島というのは、日本列島にあたかも匕首《あいくち》のように突き出された、非常に危険な国だ」というような記述があるのですが、なるほど日本でつくられた地図を見れば、確かにそのように見えます。けれども地図をひっくり返してみると、弓なりの日本列島が朝鮮半島を完全に取り巻いているようにも見えます。つまり、朝鮮半島から見れば、日本列島によって自分たちの国は完全に囲まれているという脅威意識になるわけです。このように、中心をどこに持ってくるかで、地理的な概念はまったく変わってきます。

戦前の日本では、「北東アジア」という言葉は使われていませんでした。この地域を指すのに「東亜」という言葉が流行《はや》っていたからです。戦後になって、東亜共同体も大東亜共栄圏もすべて誤りだったとされました。その結果、戦後に新しく組成した地理的、あるいは地政学的な概念が、英語をそのまま直訳した「北東アジア」です。つまり、戦後の日本においては、ワシントンと東京だけの関係でずっとものを見ていたがために、英語の直訳ですませてきたのです。

こうしたことを見ていけば、Southeast Asia が東南アジアであるように、Northeast Asia は東北アジアとなるべきなのがわかると思います。この名称の問題をまず理解していただいて、次へ進みましょう。

「地域主義」という重要な概念

「東アジア」がどこを指すかと言えば、オーストラリアやニュージーランド、もちろん太平洋の小さな島々もありますし、インドまで含むべきだという議論も出て、実際、いろいろな組み合わせが考えられます。しかし私は、さしあたり Northeast Asia と Southeast Asia を足して「東アジア」ととらえていいだろうと思います。

では「東北アジア」が具体的にどこかと言うと、日本、韓国、北朝鮮、中国、極東部ロシア、それからアメリカも入れていいと思います。これにモンゴルを加える人もいますし、国ではありませんが、台湾を含める人もいるでしょう。

なぜ私がアメリカも「東北アジア」だと考えるのか、その理由を説明します。一九世紀末から一貫して、アメリカはアジア・太平洋国家としての側面を持ってきましたし、それゆえに太平洋戦争も起こりました。そして現在のアメリカも、アジア・太平洋地域に大きなウエイトをおき、急速に勢力を拡大している中国に対抗し、自分たちが介在することによって、中国とほかの国々との力関係の不均衡をバランスのいいものにしていこうという政策を掲げています。私がアメリカを「東北アジア」に加えるのは、このような理由からです。

ここで、地域主義とは何なのか、そしてなぜ今、この地域主義が重要なのかということについて述べていきたいと思います。

日本は今、TPP（環太平洋パートナーシップ）加入問題に直面していますが、FTA（自由貿易協定）やASEAN（東南アジア諸国連合）+3、APEC（アジア太平洋経済協力）、東アジア首脳会議と、もう整理できないぐらいですが、それらを全部含めて、地域主義と言っていいと思います。さまざまな通商・金融、さらにはもっと進んで政治的・法的取り決めが、ひとつの国家を超えた最低限二ヵ国以上の間で流行のように行われつつあります。ヨーロッパはヨーロッパ、中南米は中南米、北米は北米、東南アジアは東南アジアで、かってのブロック経済とは異なる形での、ある種のさまざまな地域的なまとまりが、できつつあるのです。そして、そのことが国や国民の死活的な問題となってくるわけですが、TPPはまさにその好例と言えるでしょう。

地域主義、英語で言えばリージョナリズムについて考えるとき、グローバリズム、そしてもうひとつナショナリズムという問題も併せて見ていかなければなりません。さらには地方分権を進めていく動き、つまりローカリズムもあります。

今、私たちの世界は、このグローバリズム、リージョナリズム、ナショナリズム、ローカリズムの四つの水準が、ねじれたり、あるいは共鳴し合ったりしながら、複雑に絡み合っています。リージョナリズムの意味するところは、今まで国民国家の範囲内でだいたい自己充足できていた時代が終わり、境界領域が非常に曖昧《あいまい》になっているということです。そのなかで、ある国ではローカリズムがもっと強くなったり、別の国ではナショナリズムが盛んになったり、また違う国ではグローバリゼーションにもっと積極的だったりするわけです。

東アジア共同体に必要なのはANEAN

ちなみに、国際政治の見方には大きくわけるとふたつあります。ひとつは、リアリズムです。かくあるべしという規範的な命題を立てず、あるがままの国のあり方やパワーをしっかりと計算した上で、国際政治をいわば権力と権力の関係で見ていこうとする、客観的な指標と言えるでしょう。

それに対するもうひとつの見方は、アイディアリズムです。かくあるべしという規範や、あるいは人権、平和の価値などについての理念や理想をもっと強く押し出していこうというものです。実はこれらのほかにもうひとつ、構築主義というものがあって、これはリアリズムとアイディアリズムの両方を足したようなものです。

しかし、私が「皆さんは中国をどう思いますか」という問いを投げかけたとき、肯定的だったり、否定的だったりといろいろな意見が出てくるでしょうが、どんなにリアルに物事を見ていると言っても、その人なりの何らかの思い込みやいろいろな先入観が物の見方に反映されているはずです。中国に対する見方でも、その人が持っているさまざまな価値観や理念、あるいは中国に対するこれまでの見方や、あるいは中国の人びととの接触や、中国に行ったことがあるかどうか、こうしたいろいろなことが影響しています。つまり、完全なリアリストも完全なアイディアリストも実際はいないのです。

それでも、私はやはりリアリズムとアイディアリズムをごちゃ混ぜにはできないのですが、私の立場としては、この東アジアという地域が、こうあって欲しいという地域主義についてのアイディアリスト的な観点から議論していきたいと思います。

今の東北アジアには日本、韓国、北朝鮮、中国、ロシア、さらに米国といった国々がひしめいていますが、ＡＳＥＡＮのようなものはありません。もしＡＳＥＡＮに対応するような組織があるとすれば、Association of North-East Asian Nations、つまりＡＮＥＡＮです。そして、ＡＳＥＡＮとＡＮＥＡＮが一緒になれば、東アジア共同体がつくられることでしょう。

しかし、ＡＮＥＡＮどころか、東北アジアには不穏な空気が漂っているのが現実です。日本と韓国の関係、日本と中国の関係、日本と北朝鮮との関係はそれぞれ難しさを抱えていますし、場合によっては領土問題で一触即発の事態もありえるかもしれません。

そう考えると、地域主義の観点では、東北アジアよりも東南アジアの方が先に行っていると言えるでしょう。ＡＳＥＡＮにはＡＳＥＡＮフォーラムというものがあって、そこにはアメリカも北朝鮮も参加しています。領土問題も含めて紛争が起きれば、そこで言いたいことを言い合うことができます。しかし、東北アジアには、そのような場がありません。

もしANEANがあれば、今の領土問題をめぐる問題でも、もう少し日本と中国の首脳が話し合ったり、あるいは閣僚級レベルの会談ができたりするのではないでしょうか。

ANEANがないがゆえに、冒頭で申し上げたような、モーゲンソーの警句が重要になってくるのです。恐怖と不安、相手に対するパーセプション・ギャップが、結局相手に対する恐怖に反射して、相手も恐怖状態に陥り、やがて間違いなくある国が脅威であるということを自らが実証するような選択をしてしまう、そのようなことが起きかねないのです。

経済の関係が深まっても、問題は解決されない

貿易・通商・金融というような分野は、イデオロギーや国際政治のパワーポリティクスをあまり考えなくても、皆が同意しやすいと言えるでしょう。そうしたことを通じて関係を深めていけば、自《おの》ずから安全保障や政治的な問題も解決できるのではないか、場合によっては、韓流《ハン》がもっと盛んになり、日韓の文化交流が進めば、お互いの齟齬《そご》が打ち解けていくのではないかと、ある時期、楽観的な考えが広がっていました。しかし残念なことに、現実はそうはなりませんでした。

日本と韓国のあいだでは、五〇〇万人が交流しています。陸続きの二国間関係において

さえも、五〇〇万人もの人口移動が起きている地域はめずらしいのではないでしょうか。その点においては、日韓関係の交流は依然として深いと言えるでしょう。しかし、それでも、ふたつの国のあいだには領土問題や歴史問題があり、さらにリーダー同士の関係がうまくいかなくなってしまうと、かなりの齟齬が出てくるわけです。

隣国でありながら、半年以上もお互いのリーダーが会わないなんて、ありえないことなのですが、実際にそういうことが起きている。日韓だけでなく、日中関係でも、領土問題を抱えて、国際会議でしっかりとした議論すらできていません。それぞれ言い分はあるでしょうが、いずれにせよ、経済主義的アプローチが進んでも政治問題や安全保障や平和の問題を必ずしも解決するわけではないということを、われわれは今、学びつつあるわけです。

実は東アジアにおいて、経済の相互依存関係は非常に進んでいます。EU（欧州連合）とまではいかないけれども、EU並みになりつつあるぐらい、国々の域内貿易の占める割合はかなり高いはずです。にもかかわらず、お互いに張り合って、険悪なムードが漂っています。メディアでもネット上でも、世論の風向きが変わってきており、こういうなかで、実は、平和や安全保障の問題がかなり大きな独立変数として出てきているのです。

東北アジアの中にＡＮＥＡＮがないのはなぜか、と言えば、それはアメリカとの二国間関係にこの地域の安全保障や平和を頼っている部分が大きいからです。

たとえば、中国は明らかにアメリカと自分たちがふたつの超大国という、米中Ｇ２時代を考えています。習近平《しゅうきんぺい》氏とオバマ氏がカリフォルニアの郊外でふたりだけの時間を過ごし、Ｇ２の会談を新しい大国関係構築のテコにしようとしました。これは、中国がアメリカに対してＧ２時代を印象づけようとする、二国間のアプローチです。日米安保もそうした二国間の同盟関係です。

東北アジアと東南アジアの大きな違いは、前者が、アメリカのプレゼンスを抜きに安全保障の問題が語れない状況にあるということです。東南アジアに、韓国や沖縄のように米軍の巨大な基地があるというような地域は、さしあたり今はありません。

東北アジアにおけるアメリカのプレゼンスの大きさを考えると、アメリカをハブにして、韓国や日本、かつての台湾がスポークの役割を果たす二国間関係になっているわけです。

北朝鮮は北朝鮮で、中国との緊密な二国間関係を持っています。しかし北朝鮮が第三国から攻撃されても、中国は介入しないかもしれません。それほど強固な二国間の同盟関係を結んでいるわけではないし、また北朝鮮に中国の軍隊は駐留していません。一方、韓国には二万八〇〇〇人から三万人近くの米軍が存在していますし、沖縄をはじめとする在日米軍の規模は三万数千人です。

そうしたなかで、この地域の軍備管理や軍縮はほとんど手つかずの状態です。アメリカの巨大なプレゼンスが東北アジアに地域主義をつくり出す際の重しになっている面があり、また安全保障上の観点から、ＡＳＥＡＮのようなものをつくりえないということも言えます。

今、日本の国民に、日米安保、少なくともこの前のガイドラインの変更以前の日米安保について賛否を問うとしたら、おそらく六割以上が日米安保の必要性を認めると思います。米軍基地が沖縄に偏重している問題は認めますが、周りの環境が変わらなければ、結局、日本の国民のこうした意識も変わらないのではないかと思います。もし中国や北朝鮮をめぐる緊張が低くなれば、どうしてここにこれだけの米軍のプレゼンスがあるのか、誰もが不思議に思うようになるでしょう。ですから、いくつかの段階を踏みながら、日米安保というものを、もう少し正常なものにしていく必要があるのではないかと思います。

植民地と冷戦の問題は現在も続いている

東北アジアに地域主義を形づくろうとするときに障害となるものは何か。これを見極めることができれば、ひとつひとつ克服していけばいいわけです。

たとえば現在、日韓のあいだで大きな問題となっていることのひとつに、いわゆる従軍慰安婦問題があります。これは、なかなかデリケートな問題です。

日本政府が、この問題に対して何もしなかったわけではありません。民主党政権のとき、韓国では李明博《イミョンバク》大統領の末期だったころのことですが、日本政府は、この問題にギリギリのところでなんとか手打ちをしようとしました。具体的には、従軍慰安婦たちに初めて政府の資金を使って償い金を出す、そして、政府の長としての内閣総理大臣のお詫《わ》びのメッセージを発表する、というようなことで、これによって妥結に至るのではないかというところまでいったのですが、民主党政権がダメになり、結局はうやむやになってしまいました。

今、従軍慰安婦の問題は、日韓の二国間関係を超えて、より広域的に広がりつつあり、解決は一層難しくなりつつあります。ただ、その背景にあるのは、日韓で、植民地時代の問題とポスト植民地時代後の問題とが依然として明確にわけられていない、ということで、そのために問題が非常に複雑になってしまっています。なぜかと言えば、それはこの地域における冷戦と冷戦後の問題が絡んでいるからです。

冷戦期と言いますが、東アジアではホット・ウォー、熱戦になりました。朝鮮戦争でだいたい一〇〇万人から三〇〇万人が死んだと言われています。ベトナム戦争では三〇〇万人以上が死にました。そのなかで米兵は、朝鮮戦争で三万数千人ぐらい、ベトナム戦争では五万数千人ぐらいが死亡しています。そして、今も冷戦は何かしらの状態で続いており、日本と北朝鮮のあいだには未《いま》だ国交すらありません。

この地域では植民地時代の問題をさしおいて、冷戦の問題——朝鮮半島にあっては南北の対峙《たいじ》ということになりますが——そちらの方が切迫したものになりました。過去の植民地の問題は、なあなあで済ませられたわけですが、それで済んでしまうような一方的な関係が、日本やそれ以外の国でもつくられてきたということです。

問題が複雑なのは、この地域において、植民地にしたりされたりという関係があったということです。たとえば、ヨーロッパの中には植民地はありません。基本的に、ヨーロッパはアジアやアフリカ、中南米という自分たちの権益の外側に植民地を持っていたのです。しかし日本は、二〇〇〇年以上の交流がある、自分たちに一番近い国を植民地化しました。

日本の中で、「もう、うんざりだ。なんで韓国は歴史問題ばかり、そんなに蒸し返すんいます。しかし、韓国にとっては、歴史問題は現代と未だつながっていだ」という声も出ています。

集団的自衛権の問題を考えてみても、もし日本が集団的自衛権に踏み込むならば、それは韓国に日本の自衛隊がやってくる可能性を意味します。つまり、韓国が北朝鮮と通常戦力で戦争をした場合、米韓相互防衛条約により、自動的にアメリカは韓国の防衛に参戦するわけですが、集団的自衛権が発動されれば、日本もそこに参加することになるのです。韓国では、日本の自衛隊が自分たちの国に足を踏み入れることを望むかどうか、という議論が出ていますが、韓国にしてみれば、北は怖いけれども、日本の集団的自衛権も警戒しなければならないというわけです。

一方で、北の脅威に対抗していくためには、日米韓のトライアングルが必要だという意見もあります。アメリカはその立場から、「早く日韓の首脳は会談をもって、日米韓のトライアングルがうまくいくようにしてくれ」と圧力をかけてきている状況です。

ですから、歴史の問題だけではなく、今起きている事態が歴史の喚起を誘発する、その結果として、問題がより深刻になっていく、ということなのです。

「日本はドイツを見習え」という意見は必ずしも正しくない

よく、第二次世界大戦後の日本とドイツの過去に対する態度の比較をして、「日本はドイツを見習え」という意見が日本でも、韓国でもあります。しかし、それは必ずしもあてはまらないのではないかと私は思います。

日本国民がドイツ国民より倫理的に劣っているわけではありません。ドイツの場合は、ひとつの政党が国家をハイジャックして戦争へと引き連れていったのですから、ヒットラーやナチス・ドイツに責任を全部転嫁すれば済みました。それに対して、日本は、昭和天皇という現人神《あらひとがみ》のもと、そして明治から続いたひとつのレジームがやがて軍国主義の時代に向かっていったのですから、どこからどこまでが悪いのか、逆にどこからどこまでが悪くないのか、というけじめをつけるのが難しいのです。

もうひとつ、地理的な問題があります。ドイツは東西に分割されましたが、西ドイツは戦後すぐのアデナウアーの時代に、まずフランスとの和解を進めました。これを西方政策、ヴェスト・ポリティーク（West Politik）と言いますが、つまり、ドイツはいわば放蕩《ほうとう》息子のようにヨーロッパから飛び出して二回も戦争をやってしまったけれども、やはり西ヨーロッパに自分たちのアイデンティティを求めたわけです。つまり、西ドイツには帰っていく場所がありました。フランス大統領のドゴールとアデナウアーの関係が非常によかったことも功を奏し、やがてオランダやイギリスとも和解を進め、そしてブラントの時代になって、今度は東方政策ということで、東ドイツやソビエトやポーランドなどの国々と仲よくしようとしてきました。

では、日本はどうでしょうか。戦後、やがて朝鮮半島は北朝鮮と韓国に分断され、中国においては国共内戦状態の末、レッドチャイナができ上がるわけです。あの時代、日本には西ドイツのように帰っていく場所はなく、それで結局行きついたところは太平洋の向こう側、つまりアメリカでした。

そうなると、日米の二国間関係は非常に強くならざるをえませんし、同時にアメリカは日中関係を分断させ、東南アジアに日本の後背地をつくるよう誘導しました。日本一国だけの選択として、今の状況になっているわけではないのです。日本とドイツを比較するのであれば、日独の構造的な問題や歴史的な問題を踏まえて考えなければなりません。

二国間主義が習い性だった日本は、多国間主義になじむことなく今日まで来ました。まず日米安保、日米同盟、日米関係と、寝ても覚めてもそういう感じです。ですから、日本の世論においても、官僚も政治家も、多国間主義から地域の共同体をつくっていこうという志向性が、なかなか育っていかなかったのではないかと思います。

「中国の脅威」という、東アジア最大の問題を考える

そして、この地域の最大の問題は、日中関係です。モーゲンソーの言葉ではありませんが、力と力の関係として国際政治を見るならば、今から言う三つのパターンをしっかりと見ておかなければなりません。

ひとつは、力を求めるにしても、それは現状維持するための力が必要であるという場合、ふたつめは、現状を変えるために力を求める、モーゲンソーの言葉で言うと「帝国主義」です。そして三つめは、力があることを威信として示す、威信政策です。

そのなかで非常に重要なのは、相手国が力を求めているときに、それが現状の秩序や枠組みを変えずに微調整で問題を解決したいと思っているにもかかわらず、それを帝国主義の政策と間違えて解釈するとどうなるか、ということです。相手側が今の枠組みや秩序全体を覆そうとしていると考えると、それへの対処策として、より強硬な軍備増強に走ることになります。第一次世界大戦前のドイツはそれで失敗したわけです。

普仏戦争以後のビスマルクの外交政策を見ると、ヨーロッパ全体を支配しようとする大陸的な帝国主義ではなく、むしろ一八七一年に手に入れた自分たちの領土や国力の境界線を守るため、フランスとロシアが結びつかないよう三国同盟を結び、イタリアやオーストリアなどでパズルを解くようなパワーゲームを展開していきます。ナポレオンやヒットラーのような、ヨーロッパ全体を手に入れようという政策とは根本的に違い、あくまでも局地的な帝国主義と言えるものです。

第一次世界大戦があのような形で勃発《ぼっぱつ》した原因は、特にフランスが、ドイツの外交政策を現状維持型の局地的帝国主義とはみなさなかったことにあります。そして、一八九〇年にビスマルクが辞任して、ウィルヘルム二世が一層の膨張主義的な対応をとることになり、結局は第一次世界大戦へと向かっていったわけです。

では、中国は東アジアを支配したいと考えているのでしょうか。それとも、ビスマルクのように、中国が今現在手に入れている領土、そして、その周辺部に対するしっかりとした権益をつくりたいと思っているのでしょうか。たとえば、尖閣《せんかく》諸島について言えば、中国は、日本が尖閣諸島を国有化する以前の状態に戻してくれれば、前のように実効権力は日本が持っていてもそれを認めよう、と思っているのでしょうか。それとも、中国の条件をのめば、今度は日本の領土や領空や領海が中国に侵食されてしまうことになるのか。いろいろな見方があるなかで、極論すれば、中国の存在自体が脅威だということになりますが、そうなると、もう議論の余地がなくなってしまいます。

私は中国について、明確な意見が述べられません。とはいえ、今のところ、中国は経済的にさほど盤石ではないと考えています。中国の本音は、もう少し成長率を上げて、この地域の中で国力を身につけたいということではないかと思います。

ですから、尖閣諸島の問題についても、一応日本の実効支配があるわけだから、それを中国に認めさせることを大前提にすれば、なんとか日中間の交渉は成り立つのではないかというのが私の考えです。一方で、今の状況を見ると、冒頭のモーゲンソーの言葉のような方向に入りつつあるのではないかという危惧《きぐ》も抱いています。

まず、相手がどういうことを望んでいるかということを的確に見抜かなければなりません。それをやらずに、世論の尻馬《しりうま》にのって膨張政策をとっていくと、相手側も「それでは、こちら側も帝国主義的政策をとらざるをえない」と考えます。そうなると、この講義の冒頭に申し上げたような負のスパイラルの中に入っていってしまうわけで、これは非常に危険なことだと思います。

親米和中の韓国が抱えるジレンマ

今度は日韓関係です。日韓関係についても、モーゲンソーの言葉でなるほどと思わされるところがあります。彼は次のようなことを述べています。

ナショナリズムとは、個人と国家の自己同一化が進むことであり、その自己同一化の強度は社会の分裂に、つまり社会の安定性に反比例する。言うなれば、社会が安定していなくて、分裂していればしているほど個人と国家の同一性がもっと進んでいく。それは非常に危険な状態であって、国際政治をやがて宗教的な善悪の問題にまで極限化していくような世論が起きやすくなる。彼はそう言うわけです。

モーゲンソーが言うように、国家に自分を自己同一化させると、選択肢が非常に限られてきてしまいます。そうなってしまう背景には、やはり社会の分裂や亀裂《きれつ》、格差といったものがある、つまり社会が安定していないのです。

韓国では、日本以上にこうした問題が著しく現れています。日本より格差の大きさを表すジニ係数はもっと高いですし、非正規雇用は労働人口の五割を超えています。社会保障や労使関係も、日本ほど安定していない人が大勢います。

つまり、日韓共に、国家と個人を自己同一化しやすい状況にあると言えるでしょう。その強度が、世論をはじめ、さまざまなことを左右しやすいということになり、それによって国際関係のリアリズムが阻害され、非常に単純な善悪の図式という二分法によってわけられていってしまうのです。日韓関係を歯車が嚙《か》み合わない方向へと向かわしめている原因は、そのあたりにあるのではないかと思います。

次に日米、米韓関係について話を進めますが、その前に、アフターアメリカ、つまりアメリカは普通の国になりつつあるのか、ということについて少し述べていきたいと思います。もちろん、経済力でも軍事力でもまた文化においても、アメリカを凌《しの》げる国は一国たりともありません。けれども、私は、もはや一国が覇権を持つ時代ではなく、国連の安保理のように、五ヵ国、もしくは七ヵ国ぐらいが中心になって国際社会のコンセンサスをつくり、そのなかでアメリカがシニアパートナーとして大きな役割を果たすというような方向に行くのではないかと思っています。

イラク戦争の最大の勝利者は中国だ、というシニカルな見方もありますが、アメリカは独り相撲をすることによって国力の衰退を招き、その結果として中国が浮上してきた、と言えるかもしれません。いずれにせよ、一九六〇年代・七〇年代のようなアメリカ一国の、ましてや単独行動主義で、外科手術のように軍事力を行使するような時代は終わった、それは間違いないでしょう。

しかし、アメリカに代わるヘゲモニー国が出てきているわけでもありません。したがって、ある種の共同の、私の言葉で言うと、寡頭制的な支配が出てくると思われます。安保理常任理事国五ヵ国やG20など多国間で、アメリカをシニアパートナーとするような国際社会の枠組みができ上がっていくのではないでしょうか。

そうなったとき、アメリカの軍事的プレゼンスの空白を埋めなければならないわけですが、その重要なパートナーに手を挙げているのが日本です。日本では、アメリカがそうするよう無理強いしていると思う人も多いのですが、韓国側は、むしろ率先して日本側がその役割を引き受けようとしているのではないかという目で見ているはずですし、それによって日米対中朝という、新しい冷戦体制になることも危惧しているでしょう。

韓国にとって、中国は最大の貿易相手国であり、さらに、北朝鮮を掣肘《せいちゅう》するためには、どうしても北京《ペキン》の力が必要です。だから、日本のように、中国に敵対的な姿勢をとることができません。「親米和中」は、韓国の右も左も問わず異口同音に言うことです。アメリカと親しくして、中国と和する。これが韓国の基本的スタンスなのです。

これまで韓国の大統領は、就任後まずアメリカに行き、その後必ず日本に行っていました。朴槿恵《パククネ》氏はその慣行を捨て、日本を後回しにして中国に行きました。これは韓国の立場を反映しての行動ですが、それにより、日韓関係を一層思わしくない方向へ向かわせることになっています。朴槿恵氏と習近平氏は実質的な会談をすでに三回行っていますが、日本の首相とふたりだけの首脳会談はまだ一度もありません。

「親米和中」という立場をとる韓国には、しかし、ジレンマがあります。

韓国は二〇一五年に今は米軍が握っている作戦統制権を韓国軍に移管するという話が進んでいますが、それは場合によっては米軍が韓国から撤収する可能性があることを意味しています。しかし、北朝鮮の脅威にさらされている韓国としては、米軍に撤収されると困るわけで、そのために戦時の作戦統制権の移管を遅らせたいとアメリカ側に打診しており、おそらくそうなるだろうと思います。このことは逆に言えば、韓国に対するアメリカのエンゲージメントが今後も続くということです。

しかし、アメリカ側は、韓国の申し入れを受け入れる代わりに、MD、すなわちミサイル防衛構想を韓国側に要求しています。このミサイル防衛構想は、日米が今着々と構築しようとしているものです。北朝鮮がその矢面に立っているとはいえ、仮想敵国は間違いなく中国です。けれども、韓国はＭＤに入りたくないのです。今は様子見という状況ですが、もし入ってしまえば、日米韓対中朝という対立構造になるでしょうし、それによって、南北関係のテンションをより高めてしまう。そこに韓国のジレンマがあります。

東北アジアの平和を目指した六ヵ国協議の共同宣言

では、地域主義の障害を超えていくためには、どうすればいいのでしょうか。

答えは簡単です。非常に単純ですが、対立しているけれども皆に共通するテーマをお互いが寄り添って解決するようにすればいい、ということです。そうすれば、少なくとも、対立点をより遠景へとフェイドアウェイさせることは可能です。

東アジア地域において皆がそれぞれ対立しながらも、共通に抱えている問題は何かと言えば、それは北朝鮮の脅威、もっと具体的に言えば、北朝鮮の核開発とミサイルの問題です。これをできるだけ早く解決するためのしくみづくり、そのとっかかりを見つけなければなりません。

この問題を話し合う場として六ヵ国協議がありますが、六ヵ国協議に参加しているのは、先ほど申し上げた東北アジアを構成する六つの国で、それらの国々は将来、ＡＮＥＡＮ参加国になる可能性があります。その六ヵ国中、少なくとも五ヵ国に共通していることは何かと言えば、北朝鮮の核の問題にほかなりません。

二〇〇五年に六ヵ国協議の共同声明文が出されましたが、その第一項目には「六者は、六者会合の目標は、平和的な方法による、朝鮮半島の検証可能な非核化であることを一致して確認した」とあります。それに対して、北朝鮮は、「すべての核兵器及び既存の核計画を放棄すること、並びに、核兵器不拡散条約及びIAEA保障措置に早期に復帰することを約束」しています。

そして「アメリカ合衆国は、朝鮮半島において核兵器を有しないこと、及び、朝鮮民主主義人民共和国に対して核兵器又は通常兵器による攻撃又は侵略を行う意図を有しないことを確認した」「大韓民国は、その領域内において核兵器が存在しないことを確認するとともに、一九九二年の朝鮮半島の非核化に関する共同宣言に従って核兵器を受領せず、かつ、配備しないとの約束を再確認した」とあります。一九九二年に南北朝鮮のあいだで非核化宣言を行っているので、本来ならば、北朝鮮が核兵器開発を進めなければ、東北アジアの中で、朝鮮半島と日本は非核化地帯になっているはずなのです。

共同宣言の第二項目には、「六者は、その関係において、国連憲章の目的及び原則並びに国際関係について認められた規範を遵守することを約束した。朝鮮民主主義人民共和国及びアメリカ合衆国は、相互の主権を尊重すること、平和的に共存すること、及び二国間関係に関するそれぞれの政策に従って国交を正常化するための措置をとることを約束した」とあります。そしてその次に「朝鮮民主主義人民共和国及び日本国は、平壌《ピョンヤン》宣言に従って、不幸な過去を清算し懸案事項を解決することを基礎として、国交を正常化するための措置をとることを約束した」と書かれています。ここで言う「懸案事項」とは、拉致《らち》問題のことです。

第三項は「六者は、エネルギー、貿易及び投資の分野における経済面の協力を、二国間又は多数国間で推進することを約束した」、つまり二国間主義と多国間主義を併用しながら問題解決を進めますよ、ということです。

最後の第四項では「六者は、北東アジア地域の永続的な平和と安定のための共同の努力を約束した」と書いてあるのです。これは外務省の訳ですから「北東アジア」ですが、私の言葉で言えば「東北アジア地域」になりますね。

「もう六ヵ国協議は終わった」と言う人もいますが、この東北アジア地域における初めての共同声明文は、まだ死文化されていません。つまり、これを読めば、多国間で協力して、この地域に平和と安定のための枠組みをつくりますよ、六ヵ国協議が成功すれば、その次へとステップを上げていきますよ、ということがはっきりと述べられているわけです。

アメリカが北朝鮮との直接交渉に入らない理由のひとつは、中東問題でかなりのエネルギーが費やされているときに、同時に北朝鮮問題も進めていくことができないからです。しかし、中東問題にある程度解決の見込みが立てば、次は北朝鮮、となるだろうと思います。

そして、この問題の解決には、今後の米中関係が重要な鍵《かぎ》になるでしょう。二〇一三年六月習近平氏とオバマ大統領の会談で何が話されたか、明らかになっていないのですが、在米経験のある習近平氏はかなり英語もわかるはずですし、あれだけ日数をかけて話したなかで、北朝鮮問題について相当深く話し込まれたのではないかと推察しています。楽観論かもしれませんが、私のこの推察が正しければ、六ヵ国協議の再開は必ずしも難しいことではないと思います。

北朝鮮は核保有国を目指しているのか

最大のポイントは、北朝鮮が自ら核保有国であることを国際社会に認めさせようとしているのか、それとも二〇〇五年のこの共同声明に従って、いわば段階的に核放棄へと向かうのかということで、ここがよくわからない。

北朝鮮が核保有国になることを狙《ねら》っているのだとしたら、当然、ほかの五ヵ国は協同して制裁を加えるでしょう。北朝鮮を核保有国として認める人間は、大げさに言えば、この東北アジア地域には誰ひとりとしていないと思います。

その場合は、中国もこの問題に介入する姿勢を強めていくでしょう。先ほど申し上げた集団的自衛権の問題や、日米の軍事的接近に、中国はかなり危機意識を持っていると思いますし、北朝鮮が核保有国になるということがこの地域の安定を損なうのは言うまでもありません。もし北朝鮮が核を持てば、韓国は核保有へのインセンティブを高めますし、そうなれば当然、日本もそれだけの技術を持っているわけですから、核を持つようになるでしょう。これは明らかに悪夢ですし、あってはならないことです。

では、北朝鮮の意図をどう見極めるかということですが、そのひとつの手がかりとなるのは、イラン、イラク、北朝鮮のいわゆる「悪の枢軸」をめぐる状況です。

三ヵ国のうち、イラクはご存じの通りの状況です。イランはどうかと言えば、検証可能な形での非核化を進める方向になりつつあり、イランにも核の平和利用という形の権限は許すということで交渉が妥結しそうです。イランがそれなりに安定した形で制裁解除され、外交関係が回復し、そして原子力の平和利用が担保されるかどうか。その推移を、「悪の枢軸」の最後に残る北朝鮮は、注意深く見ているはずです。北朝鮮は、リビアのカダフィ、サダム・フセイン、そしてタリバンのようなことにならないために核の開発を進めた形跡もありますから、もしイランの核査察や処遇がうまくいかなければ、北朝鮮のガードは非常に固くなるのではないかと思います。

コリアン・エンドゲームの行方とANEANの可能性

コリアン・エンドゲームは最終段階に入ったと考えられます。「コリアン・エンドゲーム」というのは、アメリカ国務省のアドバイザーであり、朝鮮半島問題の専門家セリグ・ハリソンが二〇〇二年に書いた本、『コリアン・エンドゲーム』からの引用ですが、今読んでも、非常に深く、複眼的な形でこの問題の解決策が述べられています。この「コリアン・エンドゲーム」の展望を私なりに咀嚼《そしやく》してお話しすれば、基本となる条件は、北朝鮮が核保有国になることではなく核放棄へと向かうということです。そうでなければ、これから言うことは、シナリオとして成り立ちません。

北朝鮮が核放棄へと向かうのなら、二〇〇五年の明文化された共同声明を実現するために、核を含めた通常戦力の軍備管理と軍縮が並行して進まなければいけません。それほど北朝鮮は追い込まれているわけで、われわれからすると北朝鮮は恐怖の対象ですが、おそらく北朝鮮側は逆に周りを恐怖の対象として見ているでしょう。

在韓米軍をどうするかということもありますが、軍備管理・軍縮を進める上での最大の問題点は、ソウルからわずか数十キロというところに、北朝鮮が厖大《ぼうだい》な戦力を張り付かせているということです。北朝鮮の機甲部隊がデーンと構えているのですから、一朝、戦争が起きれば、東京と横浜より近い距離で、それこそ雨あられのように砲弾がソウルに向かって飛んできます。こうした北朝鮮の通常兵力の前線をもっと後退させなければならないということも含め、さまざまな面から交渉を進めていかなければなりません。

同時に、アメリカは一方的に韓国だけに関与政策を進めていくのではなく、南北に対する公平なブローカーとして働くような、包括的な朝鮮半島政策をとるべきです。しかし、過渡的に米軍の存在を認めることは必要です。金《キム》大中《デジュン》氏も三段階統一論で言っていることですが、米軍の存在は必要である、米軍はこの地域のスタビライザー、安定装置として役割を果たしている。しかし、それは過渡的な役割である、ということです。ただ、それがいつまでなのか、ということは、なかなか難しい問題です。

軍備管理・軍縮を進めると同時に、それによって、南北の休戦協定を平和協定に変えていかなければなりません。確かに二〇一三年三月、北朝鮮は一方的に協定を白紙にもどすと宣言していますが、実態としては休戦協定は今も続いています。休戦協定は一九五三年に調印されて、二〇一三年でちょうど六〇年、還暦という画期的な年だったのですが、まだ緊張は解けていません。今は「撃ち方やめ」の状態で、戦争が氷漬けになっているだけで、終わってはいないのです。では、誰が終わらせるのかと言えば、やはりアメリカ、中国、北朝鮮で、それに韓国を加えた四ヵ国の会談が必要でしょう。

ですから、六ヵ国協議というのは、六者だけが集まる会談ではないのです。つまり日本と北朝鮮という二ヵ国で、拉致問題や歴史問題等を話し合うこともある。アメリカと北朝鮮が二国間で協議することもあれば、南北が二国間で話し合うこともある。そして、休戦協定を話し合うような四ヵ国の協議があり、六ヵ国協議もある。こういう二・四・六が重層的に積み重ねられて、それが並行して進んでいく、こうしたパターンをとっていけば、かなりいいところまでいくのではないか、と私は思っています。具体的に言えば、拉致問題を六ヵ国協議で共有しようとすれば、必ず無理が出てきます。まず六者で共通の問題は核です。そして、その問題を解決するなかで、二ヵ国協議を進めていけばいいのです。

このようなことがスタートすれば、かなり画期的なことになるでしょう。ANEANはまだ遠い先、たとえば一〇年後にそれが実現しているかどうかもわかりませんが、しかし、そこへ向かって一歩一歩進めていくことができるのではないでしょうか。

今は、日韓も日中も、それぞれのナショナル・プライドに縛られて、どうしてもガチンコ勝負になってしまいますから、世論が激昂《げきこう》したり、大きく揺れることになりがちです。そうではなく、共通のテーマがある多国間の枠組みを活用することによって、お互いが共同で問題を解決していくなかで、お互いの関係をよくし合っていかなければなりません。

ASEANは、それこそ五〇年近くかかって、こうしたことをやり遂げました。東北アジアに二国間のシーソーゲームのようなパワーゲームが展開されれば、非常に不幸な結果になるでしょう。それを避けるために、東北アジアにANEANが必要なのです。

【Q&A】

韓国と北朝鮮は統一へと向かうのか

Q　第二次世界大戦後に分断国家となった韓国と北朝鮮は、ベトナムやドイツのように今後、統一される可能性はあるでしょうか。

姜　現在、韓国で若い人に世論調査をすると、五、六割が統一に反対、という結果が出ます。その理由は、負担が重いからです。ただでさえ若者の職がなく、韓国自身もいろいろな問題を抱えているときにほんとうに北朝鮮を支えることができるのか、という不安があるのです。残念なことに、彼らにとっては、統一の問題よりも、明日からの生活と自分の職の問題が差し迫っているわけです。

しかし、若者たちにとっても南北融和は考えるべき問題だと私は思います。なぜなら、韓国の男性は二年間の兵役があるからです。特に二〇歳前後の若者たちが時には極限状況で二年間もの歳月を棒に振り、朝から晩まで訓練という大変な生活を送ります。寝泊まりするところは、日本の旧内務省のような、それこそベッドひとつの狭いところで、丸坊主になって、親とも恋人とも別れて暮らすわけです。実際、兵役で恋人と永遠に別れてしまうということも多く、社会問題にもなっています。こうしたことからも、やはり南北は緊張緩和に向かうべきだと思います。

もうひとつ、韓国の人口五〇〇〇万人ではやはり市場は狭隘《きょうあい》なのです。輸出関連産業の中で韓国が維持されている以上、五〇〇〇万の人口ではどうしても限界があります。しかし、もし二〇〇〇万の人口を抱え、しかも、言語も同じである北朝鮮が加われば、中小企業がそこに進出できるわけです。開城《ケソン》の工業団地には、海外に出られない中小企業にとっては非常にいい条件があります。中国の労働力よりはるかに安いですし、最近は台湾がそこに目をつけて、積極的に北朝鮮に進出しようとしています。

以上の点から、長い目で見れば、南北は段階的に少しずつ共存に向かう方がいい、と私は思います。ただ、統一は、私の目の黒い内はないと思いますし、また、ない方がいいかもしれません。ベトナムやドイツ方式の統一では、韓国の負担が大きく、混乱が尾を引くことになりかねないからです。一〇年、二〇年という時間が必要でしょう。

二・四・六の協議はどう進めるべきか。そしてヘイト・スピーチをめぐる問題について

Q　質問は二点あります。ひとつ目は、先ほど、「コリアン・エンドゲーム」のところで、二・四・六の協議が並行して行われることが必要だという話がありました。このことに関して、たとえば先日、拉致問題で飯島勲《いさお》内閣官房参与が訪朝したことに韓国では非常に批難がわき起こりました。こういうときに、いったい何を先行して、二・四・六の協議を進めればいいのでしょうか。

二点目は、ヘイト・スピーチの問題です。これには、やはりマスコミの報道の影響が非常に大きいのではないかと思います。こんなことまで言ったり書いたりする必要があるのかと感じることがよくあるのですが、先生はどう思われますか。

姜　逃げるわけではないですが、二番目の質問については、当事者である一色清さんに答えていただいた方がいいと思います。

それで一番目の質問ですが、これは難しいですね。逆に言えば、六ヵ国協議に参加するためにこそ、日韓と日中のあいだで、やはりある程度の摺《す》り合わせが必要だと思います。私は、さしあたり北朝鮮をのぞく五ヵ国がどういうふうに協議を進めていくかについての

足並みを揃《そろ》える必要があると思いますし、そのためには、もう少し、アメリカの関与政策が積極的にならなければいけないと考えています。

実際、アメリカは、北朝鮮の問題を中国と韓国に丸投げしている面がありますし、そうやって現状を凍結しておいて、もっぱら中東問題に専念したいということなのでしょう。アメリカにとって、イスラエルはアメリカの延長のようなものですから、重要度がまったく違います。また、アメリカは北朝鮮の核弾頭ミサイルの射程範囲内には入っていないということで、安全保障上の危機意識がないことも大きいでしょう。

しかし、北朝鮮の問題を解決するためには、やはりもう少しアメリカが積極的に関与する必要があると思います。まずアメリカが積極的に関与し、それによって、さっき言ったような五ヵ国協議で、それぞれの国が抱えている自国の問題や他国が抱えている問題の摺り合わせをし、そして六ヵ国協議に臨む、ということができるからです。

そういう方向へと向かう可能性はまだ残されていると思います。たとえば、中国は、二〇一二年の北朝鮮による長距離ミサイル発射を受けて北朝鮮への制裁決議に賛成しています。このあいだ、中国のある領事と話したとき、「今は北朝鮮より韓国との方が本音でしゃべれるようになった」と言っていました。こういうことがあるのですから、私はもう少し五者が共同歩調をとって、温度差がないようにしていった上で北朝鮮と向き合っていくということをしなければならないと思いますし、それは可能だと考えています。

一色 二点目の質問についてですが、私は、今の日韓や日中の険悪な関係や雰囲気は、紙の新聞やテレビといったオールドメディアよりも、ネットという新しいメディアの中の言論や世論がバックグラウンドになっていると思います。

建て前のメディアと本音のメディアということで言えば、ネットというのはやはり本音のメディアで、しかも匿名性があるものですから、自分の苛立《いらだ》ちや閉塞《へいそく》感のはけ口のような攻撃的な言論もありえます。

また、紙の新聞を擁護してばかりで申し訳ないのですが、ネットというものが日本にあらわれてもう二〇年近く経《た》っていて、そのなかで育っていくと、やはりある意味、歴史認識も含めた幅広い知識が醸成されないということになりがちです。そうした環境にあって、ネットである言説に触れ、どんどんクリックしていくと非常に深く掘れてしまうネットの特性の結果、ある偏った言説に染まってしまうという傾向が見られると思います。今のヘイト・スピーチも、基本的にはネット右翼の流れの中から出てきている部分が非常に多いと思っています。

紙の新聞もまったく問題がないというわけではありませんが、われわれは、ヘイト・スピーチをやっているデモ自体を伝えるかどうかということについて、かなり大きな議論をしています。伝えることによって、世の中がもっとそういう傾向に流れる可能性はないのか、あるいは、伝えないこともやはりいけないのではないかという、非常に難しい判断をしながら報道しています。

第二回　アジアの軍縮・軍備管理と日本

藤原帰一

〔ふじわら・きいち〕

東京大学大学院法学政治学研究科教授。一九五六年、東京都生まれ。東京大学大学院博士課程単位取得中退。専門は国際政治・東南アジア政治。二〇〇五年、『平和のリアリズム』で石橋湛山賞受賞。他の著書に『「正しい戦争」は本当にあるのか』『デモクラシーの帝国』『戦争の条件』など。

（講義日　二〇一三年一〇月三一日）

核に対する正反対の見方が同居している日本

「軍縮」「軍備管理」と言うと、大きくわけて、ふたつの批判的反応が返ってきます。ひとつは、「核兵器を減らすなんてバカなことをして、北朝鮮や中国が攻めて来たらどうするんだ」という声です。いわば、そんなものは空想的な、現実から離れた、実現不可能な夢想だというわけです。「北朝鮮や中国の脅威に対抗するために、核は必要だ」というのは、日本の国防は同盟を結んでいるアメリカの軍隊、そして、その基礎にあるアメリカの核兵器によって支えられている、という論理です。

こうした見方の根拠となっているのは、「抑止力」という言葉に代表される考え方で、抑止力の中核にあるのは核兵器です。抑止という概念そのものは、実は軍事戦略としては長い伝統があるのですが、抑止というところをあえてとり出して戦略のしくみができ上がるのは、核兵器が開発されてから後のことです。

その理由は、非常に単純です。核兵器は、一気に膨大な被害を相手に及ぼすことが必ずできるからです。空爆や毒ガスといったものはあったにせよ、これほど確実な被害を及ぼすことができる兵器はそれまで存在しませんでした。核兵器とその前をはっきりわけるのは、破壊力の大きさで、それは現在でも同じです。皮肉な言い方になりますが、核兵器は破壊力が大きい兵器でありながら、相手を侵略するよりも、むしろ相手に対する抑止に役立ちます。「攻め込んだら、核兵器をお見舞いするぞ」というほど、強い脅しはありません。

一方、「軍縮や軍備管理ではなく、核はすべて廃絶しなければならない」という人もいます。「軍縮」とは、つまり減らすということで、核兵器を少しは残しておこうという算段が見える。目的とすべきは核兵器の全廃なのに、現実と妥協するために「軍縮」という聞こえのいい言葉を使っているだけではないか、という批判です。

この「軍縮や軍備管理というのは結局核兵器を温存する論理だ」という批判は、広島の平和運動で長らく唱えられてきました。一九四五年の八月六日と八月九日、広島と長崎に原爆が投下され、日本は甚大な被害を受けました。現在でも、日本の被爆体験は新聞やテレビで繰り返し伝えられ、そのたびに「核兵器は二度と使われてはいけない」という考えを国民として確認しています。しかし他方では、核兵器による脅しで自分たちの安全を支えるという現実を、実はあまり変えないという状況があります。日本で核について語るとき、この正反対の見方が必ず出てきますが、私はどちらも間違いだと思っています。

では、こうしたことを踏まえて、どのように問題に取り組んでいけばいいのか、ということを考えていきたいと思います。

抑止力が働くときと働かないとき

私は、現実を冷静に分析して議論を行うのが仕事です。その点から見ますと、各国の力関係が国際政治を左右していることは否定できません。軍事力とその脅しによって相手の行動を阻むことがないとはいえない。軍事力によって平和が実現することは実際にあるわけですが、問題はその先です。抑止が働かず、戦争が起こる可能性もあるからです。

たとえば冷戦時代に、ソ連や中国がアメリカの核兵器を度外視して日本に対する戦略を考えることはありえなかった、それは確実だと思います。また、現在で言えば、北朝鮮がアメリカの核兵器と日本に対する政策を結びつけているのも事実です。にもかかわらず、私は核兵器に頼れば安全だという考え方に与《くみ》することはできません。核兵器による脅しで安定した関係ができ上がることがあるかといえば、あると思います。けれども、それはきわめて不安定な状況に過ぎません。抑止といっても、核兵器を持っているからというだけで機能するわけではないのです。

米ソ冷戦の時代、核戦争は起こりませんでしたが、これは結果論に過ぎません。核戦争直前までいくという状況は何回か起こっています。ソ連あるいはアメリカが核兵器を使うと相手側が思い込んで、急進的な行動をとったという事件はいくらでもありました。

最も有名なのは一九六二年のキューバ・ミサイル危機ですが、そのやや皮肉な結果は、米ソ関係にミニマムな信頼が生まれたということです。「さすがに核戦争はお互いに避けたいよね」ということが事実上の合意として生まれたのは、キューバ・ミサイル危機以降で、それにより、米ソの抑止が安定するようになりました。

しかしその後も、不安定な状況は続きます。たとえば、中国の核武装を前にして、アメリカが軍事行動の準備まで計画し、圧力をかけるよう、当時のソ連に共同行動を呼びかけたりしています。この提案は結局断られたのですが、六〇年代の終わりになると、今度は中国とソ連のあいだで緊張が高まり、今度はソ連がアメリカに共同行動を持ちかけます。

今、私たちは「北朝鮮の核兵器が怖い」と言います。確かに怖いのですが、核兵器の数から言っても、精度から言っても、中国の保有する核兵器は北朝鮮とは比較になりません。北朝鮮は、毎回ミサイルの発射台をつくらなければならない程度の技術しかないけれど、中国は移動する発射台を持っています。しかし、中国の技術を現在世界第二位の核保有国であるロシアと比べると、ロシアは中国よりさらに進んだ技術を持っているわけです。

それにもかかわらず、私たちはなぜ北朝鮮を怖がるのでしょうか。あるいは、アメリカはなぜイランの核武装を恐れるのでしょうか。その理由は、新しく核を保有した国は、それまでの安定した核保有国間の関係とは異なり、核兵器を使う可能性が高いと考えるからです。ですから、新しい核保有国が生まれたときには、必ず不安定な状況が生まれます。

さらに言えば、ほんとうに核を保有してしまったら、それを断念させることは難しい。だから、核を持ちそうになったときに攻撃してしまおうという計画が出てきて、たとえばイランの核武装をめぐってイスラエルが先制攻撃をするかどうかという、大変憂うべき状況になってしまいます。残念ながら、今でもイラン核開発とそれに対してイスラエルが過剰反応を起こす可能性は残されています。

核に頼ることで短期の国際的安全が実現することはあります。抑止が働いているというわけですが、抑止が働かない可能性も残されており、そうなれば、大規模な戦争を覚悟しなければなりません。考えるべきは、核の抑止に頼った安定を抑止に頼らない安定へとどう変えていくことができるのか、ということではないでしょうか。

軍拡の中心はもはや核兵器ではない

このことに関連して、話題をひとつ提供したいと思います。私は現在、「国際平和拠点ひろしま構想」という広島県のプロジェクトにかかわっているのですが、参加者は日本の軍縮担当の国連事務次長を務めた阿部信泰氏、川口順子《よりこ》元外相、オーストラリアのギャレス・エヴァンス元外相、それからアメリカのジョン・アイケンベリー教授など錚々《そうそう》たるメンバーです。基本的に非公開の会議なので、内容について具体的に紹介することはできないのですが、話をしているなかでとても驚いたことがありました。それは、核兵器が現代戦略の中心ではなくなっているということです。

少なくとも、冷戦時代には核兵器こそが軍事戦略の中心でした。ところが、実戦において核兵器は六〇年以上使われたことがありません。「ほんとうに核兵器を使うことができるだろうか」という疑いが持たれており、どうせ使えっこない核兵器を増やしたところで相手に対する脅しとして役に立つだろうか、と考えられるようになっているというのです。

机上の空論だと思われるかもしれませんから、もっと単純なことを言いましょう。今、中国は軍事力を拡大していますが、その中心はどこにあるかといえば、ミサイルと海軍力です。このふたつは、アメリカに対して中国が圧倒的に劣っていたところで、強化することによってアメリカとの力関係は劇的に変化するでしょう。

一方で、中国の原子力潜水艦は非常に老朽化していて、対潜哨戒機《しょうかいき》によって簡単に捕捉《ほそく》できるような次元のものが中心です。そちらから手をつければよさそうですが、そうなっていないわけです。というのは、実際に使われる可能性がある兵器は、やはり駆逐艦やミサイル、精密誘導兵器であって、核兵器ではないからです。もはや核兵器は、中国の軍事戦略の優先順位のトップではないということは確実に言えると思います。

世界第一位の核保有国であるアメリカでも、重要視されているのは、無人攻撃機の精度や破壊力を上げることであり、巡航ミサイルの命中精度を高めることです。こうしたことを見ていけば、核兵器の老朽化とは関係なく、核の重要性が軍事大国においては相対的に下がっていることに気づかされます。

現在の核軍縮が抱える大きな限界

核兵器の話をすると、必ずといっていいほど「核兵器というものは、なくすどころか減らすことだってできるわけがない。そんなことを議論する意味があるのか」という質問が挙がります。実際には、地球上にあった、核弾頭の数だけでも万の単位、数え方によっては一〇万を超える規模にあった核兵器は、現在、実戦に配備されている弾頭に限れば全部足しても数千にまで減っています。核兵器は過去二〇年間にわたって、何回か段階的に削減されており、確かにアメリカとソ連が冷戦をしていた時代は、世界を何回も核戦争で潰《つぶ》すことができるような数の核兵器がありましたが、全体の数は明らかに減っているのです。

しかし、圧倒的に減ったのはアメリカとロシアの核兵器です。要するに、つくりすぎてしまったものを減らしているということです。

冷戦終結後、核兵器、特に核弾頭の廃棄を進める上で、いくつもの交渉が重ねられました。レーガン政権の下で始められたＳＴＡＲＴ（戦略兵器削減条約）は、何回かの交渉を経て、最終的に現在の二〇〇二年のモスクワ条約に至ります。ここでの合意の土台にあるものが何かと言えば、アメリカとソ連のあいだの緊張が緩和されて核戦争を行う可能性が十分に遠のいた、ということで、そのうえでつくりすぎてしまった核兵器を減らした、ただそれだけのことだと言えるでしょう。

この合意には限界がありました。そのひとつは、アメリカもロシアも、核兵器をほかの国より多く保持するという点では現状を変えるつもりはないということです。

アメリカとロシアが万の単位で核兵器を持っているとすれば、その次のグループに入っているのはイギリスやフランス、中国といった国々ですが、たとえば中国は最大限の推定でも三〇〇発以上の核弾頭は持っていないと考えられていますから、まったく規模が違います。ですから、千の単位に核弾頭を減らしたといっても、アメリカとロシアが保有する量は桁違《けたちが》いで、他国に対する核の優位を保持することができるのです。

アメリカとロシアが核の優位を保持したかった理由はそれぞれ違いますが、簡単に言ってしまえば、アメリカもロシアもほかの国より強い軍事大国でありたい、ということです。このまま両国が核兵器を削減していけば、ほかの国と核の軍事力は並んでくることになりますが、実戦配備されている核弾頭が三〇〇〇発を下回ったところで、急に減り方が少なくなってきました。これは、今の核軍縮がアメリカとロシアが優位を保ちながら行われているという、大きな限界があることを示しています。

核の拡散が最大の懸念になっている

米ロの核軍縮が進展し、その後停滞に向かっていくなかで、もうひとつ大きな流れがありました。それは核兵器の拡散です。

ドイツや日本、イタリアのように、軍事大国でありながら核を持っていない国はあります。その一方で、これらの国々のような経済規模も軍事規模もない国、たとえばリビアやイラクが核開発を計画した時期がありました。現在のイランの核開発は、まだ平和利用の範囲内ではありますが、核兵器開発と結びついた計画であるという判断は、専門家のあいだでほぼ共有されている見方です。そして、言うまでもなく、北朝鮮では実際に核の開発が行われ、最初の実験はやや怪しげであったものの、その後の二回の実験では明らかに核兵器を保有していることが確認されました。

また、インドとパキスタンの核実験もありました。インドは最初に核実験を行ってからかなり経《た》って一九九八年に再び行い、その直後にパキスタンが初めて核実験を行いました。核兵器を持っている国は明らかに拡散していっているのです。

今、核兵器が大きな意味を持っているのは、軍事大国ではなく、陸海空の通常兵器で国防を達成できず、また大国との同盟をあてにすることもできない国々においてです。欧米社会からは、国際的に孤立していると見られるような国が最小限のコストで国防を達成するときには、核兵器は非常に魅力的な存在になります。私は、北朝鮮の核開発が適切な政策だとはまったく考えませんが、通常兵器での防衛を達成できず、同盟にも頼れないために核兵器への依存を進めていった一例だと考えていますし、イランの核開発にも似たところがあります。

　北朝鮮やイランのような、欧米社会から孤立した、いわば大国ではない勢力が核開発を進めていくというような状況により、欧米諸国は、核兵器の増産や開発よりも核の拡散を恐れるようになりました。これは、興味深い、大きな変化です。

　二〇〇七年の話になりますが、キッシンジャー元国務長官とペリー元国防長官がほかの有力政治家と共に、核の廃絶を求める声明を行いました。二〇〇七年というのは、9・11の同時多発テロ事件の後で、アメリカでは「テロリストが核兵器を手にしたらどうなるか」という不安がパニックのように語られ続けており、それに関連して、イランをはじめシリアやリビアの核開発に対する疑惑や懸念が論じられていたのです。

　間違ってもハト派とは言えないキッシンジャーやペリーが、核の廃絶が必要だという声明を行った理由は非常に単純です。それは、中東への核の拡散を恐れたからです。核の開発よりも核の廃棄を進めるべきだという声が、彼らから出てきたというのは、現在の核兵器の立場をよく示していると思います。

戦争の危機は、相互の不信感によってもたらされる

さらには、北朝鮮の核武装とは別の新たな緊張が東アジアの国際関係に生まれています。それは、中国の台頭に伴う国際関係の不安定化です。

これを中国に対するいわれなき批難だと考える人もいるかもしれませんが、そもそも、国際関係で力の分布が変わるとき、つまり新たな軍事大国が生まれて相対的にほかの国の力が弱まるときには、国際関係は大変不安定になりやすい。

中国の軍事力の増強はきわめて目覚ましいもので、特に海軍力の増強が目立ちます。他方、ＧＤＰ（国内総生産）と比較した国防費の伸びで見ると、実はＧＤＰの伸びに比べて、国防費の伸びはけっして大きくありません。経済との対比でいえば中国はけっして軍事費を過重に支出しているわけではない、というのが中国側の説明ですが、実際その通りです。ただ、軍事費の予算がＧＤＰの成長率から予測できる範囲だということは、周辺諸国にとってそれほど安心できる材料にはなりません。なぜなら、中国は今二桁成長をずっと続けていた国であり、景気が後退したと言っても七％は維持しているのですから、それと共に軍事費が伸びていったら、大変な軍隊になってしまうということは明らかです。

このような状況においては、国際的な不信感が非常に高まります。現在、領土紛争と時には歴史問題が結びつく形で、日本と中国とのあいだに厳しい緊張が存在することはご存じの通りです。残念ながら、このような非常に厳しい緊張が実際に戦争に発展する可能性はゼロではありません。

日本側も中国側も、日中の全面戦争を考えてはいないでしょう。しかし、領土問題において、出先で起こった軍事衝突で譲らないということほど大きな紛争を起こしやすい状況はありません。このときに「一歩も譲るな」という世論があり、それと結びついた政府の中の強硬派が力を持ってしまった場合には、実際に戦争になるだろうと思われます。

こうした状況で私が提案するのは、東アジアにおける軍備管理です。軍縮ではありません。軍縮でさえ「核の廃絶ではない」と批判されるのですから、より消極的な提案ということになります。ちなみに、軍備管理というのは、兵器を減らすのではなく、兵器やその数に上限を設けたり、兵器の配備を遅らせる（モラトリアム）ことによって緊張を緩和していくというやり方です。

歴史上、軍縮はワシントン軍縮やロンドン軍縮、それからＳＴＡＲＴがありますが、軍備管理の例は必ずしも多くありません。アメリカとブレジネフ時代のソ連とのあいだで結ばれたＳＡＬＴ（戦略兵器制限交渉）は、核兵器の上限を定める軍備管理です。ＳＡＬＴはアメリカのタカ派からもハト派からも非常に評判が悪いのですが、私はＳＡＬＴには大きな意義があったと考えています。なぜなら、軍備管理の交渉を始めるためには、相手に兵器についての情報を与えなければいけないからです。米ソ冷戦の激しいときですから、全部というわけではなかったにせよ、一九七〇年代を通じてＳＡＬＴ交渉が続けられた結果、アメリカとソ連とのあいだで軍事情報の共有が相当広がりました。

実は、「ほんとうに核戦争が起こってはいけない」という、夢見るハト派のような信念は、核兵器の恐ろしさをよく知っている現場の核の専門家が最も強く持っています。そして、自分たちの仕事だから核兵器をなくすということはしたくないけれども、核兵器が戦争に使われる可能性は極力避けなければならない、という認識を共有するアメリカとソ連の専門家集団が、ＳＡＬＴの交渉を通じて形成されていきました。

このことは非常に重要です。なぜなら、冷戦の真の問題は核兵器そのものではなく、アメリカとソ連の両政府のあいだに横たわる、「相手が軍事力を行使する可能性が高い」という不信感だったからです。

一方の政府が「自分たちは防衛的に決まっているが、相手はどうだろうか。防衛的かもしれないが、もし実は攻撃的なのだとしたら、われわれは彼らの攻撃に備えなければならない」と考えたとします。相手がタカかハトかわからないときには、タカだとみなして行動することが合理的だということです。しかし、双方がこのような政策をとったら、結局、悪循環に陥ってしまいます。これを、安全保障のジレンマ（セキュリティ・ジレンマ）と言います。冷戦末期に米ソのあいだでセキュリティ・ジレンマを打開する努力が行われ、それによって初めて両国の核の削減が可能になったのです。そして、その中心となったのは、SALTで交渉を繰り返していたアメリカとソ連の当事者たちでした。

問題を複雑にする中国の台頭

このことは、中国や北朝鮮をめぐる問題へもつながります。

まず、中国の話をするならば、中国の軍事力増強が意味するところには防衛的・攻撃的どちらの可能性もあります。どちらの可能性を重視して、われわれは戦略を決定すべきなのでしょうか。軍事的に考えれば、中国が攻撃的であるという可能性を前提として政策をつくることが合理的な決定です。

しかし、中国側から日本はどう見えるでしょうか。「日本は、自衛隊という限られた軍備しか持たないことで軍事行動をこれまで手控えてきた。侵略的行動をとるような国ではない」と考えることもできます。けれども「限定されているといっても、簡単に強化できる軍備ではないか。日本が我が国を侵略したということを忘れてしまったのか。機会があれば、日本は中国侵略を考えるに違いない」という反論もあります。こうしたふたつの議論があったとして、日本をタカと考えるか、ハトと考えるかというときに、中国にとって合理的な判断は、言うまでもなく、日本はタカだという可能性をとることです。

さらに問題を複雑にしているのは、先ほど申し上げた権力移行が働いているということです。中国はどんどん大きな国になっているわけですが、それはつまり、前にできなかったことができるようになっているということです。

明《ミン》朝の終わり以降に大陸国家となった中国の海軍力は、長いあいだ、なきに等しいものでした。近代に入り、列強に介入され、領土を奪われ、半植民地という状態になって、共産党政権が樹立されてから後も、基本的には大陸の防衛以外の軍事行動を考えることはできませんでした。しかしながら、現在の中国が擁する海軍力は、世界的に見ても無視できないものです。

中国で今盛んに言われているのは「われわれは明朝の時代には非常に広い地域に影響力

を持っていたではないか。それを外国に奪われた屈辱の近代から抜け出すためには、やはり中国の本来の領海を取り戻すことが必要だ」というようなことです。しかし、明朝の時代に影響力があったというのは、明代の中国人と日本人、コリアンが一緒になって海賊をしていた時代であり、彼らの経済活動が広範な地域に及んでいたのは事実ですが、それを政治権力の領土・領海と読み替えるのは明らかな間違いです。そもそも、近代以前の時代に領土や領海という概念をあてはめて、国民国家固有の領土という議論を行うことには無理があると私は考えます。

とはいえ、中国政府がこの「明代の領土・領海を取り戻す」ことに向けて力を入れていくことは当分続くでしょう。その意味するところは、中国が回復した力を背景に現在の境界線を変えようとしているということです。これはほかの国からすれば、たまったものではありません。そこに、台頭する中国に対抗する軍事的措置をとる合理性が生まれることになります。

中国をめぐる問題の難しさは、相互不信から生まれる安全保障のジレンマに加え、中国の台頭とほかの国の相対的な権力の低下による国際的力関係の変化が、さらに緊張を高めているというところにあります。

中国との関係打開のためのひとつの有効な方法

中国との関係をどう打開するか、これは非常に大きな課題です。北朝鮮との関係も重要ですが、北朝鮮との関係は中国との関係とリンクしています。だからこそ、中国との関係を打開することは北朝鮮との関係を打開することにもなるという結びつきを視野に入れておくべきです。

今、日中の相互不信は非常に高まっていますが、それだけではなく、中国の政府のあり方も問題です。習近平《しゅうきんぺい》が国家主席になる過程で実に醜い権力闘争が繰り広げられたことを見れば、政府の内部が割れているのは明らかです。日本の側も、強硬なタカ派である安倍《あべ》晋三《しんぞう》氏が首相であるという状況で外交政策を進めなければならない難しさがあります。

では、そうした困難を克服するにはどうすればいいか。ひとつのやり方は、合意できる領域をつくっていくことです。一番重要なものについては簡単に妥協できないとしても、そうでないものについては妥協していくことは可能でしょう。そのときにポイントとなることとしてわれわれが「国際平和拠点ひろしま構想」で提案しているのは、新しい兵器についての一方的な配備の延期です。

たとえば、中国では空母の開発が進んでいますが、これを断念させることは難しくても、空母の進水を遅らせることは可能でしょう。また、アメリカの巡航ミサイルに対抗するような次世代の精密誘導ミサイルの開発についても、その配備を遅らせるという方法もあります。こうした軍備については、そもそもつくらなければいいとも言えますが、「相手が持っているのに、なんでうちだけがやめなきゃいけないんだ」という話になりますから、一方的に全面的に停止することは難しいのです。

そのなかで、やや意外と受け止められるかもしれませんが、アメリカと中国のあいだで、核兵器は比較的容易に手をつけることができる領域です。なぜなら、先ほどからお話ししているように、核兵器は今、最優先の軍備ではないからです。中国にとって軍事戦略の中心はアメリカのミサイル防衛計画に対抗する新世代ミサイルの開発、そして空母です。しかし、核兵器は違います。

もちろん、核兵器の削減も難しいことだと思います。しかし、難しいと言っていたら何も変わりません。アメリカと中国とのあいだで、何らかの兵器の配備を遅らせたり、部分的な削減をするということが、ひとつの可能性として考えられる方法です。これは「一方的イニシアチブ」と言って、米ソ冷戦を打開するひとつの方法として行われた議論ですが、今お話ししているのは、そのいわば現代版です。

非常に信用できない政府を前にして自分の兵器を削減するなんて、自分の国を危うくするだけではないか、という意見もあるでしょう。しかし、こうした一方的イニシアチブが行われた結果、米ソの核軍縮が始まったのです。

冷戦の終わりごろ、ゴルバチョフ書記長が核実験の限定的停止を行いました。実際は、核実験停止を宣言する前に多数核実験を行ったという背景はあるものの、いずれにせよゴルバチョフは停止を行い、その後、アジア地域への核兵器の配備を一方的に取りやめる声明を出します。ソ連側がこのようにイニシアチブを先にとった理由は非常に単純です。アフガニスタンの戦争で大きな痛手を受けた結果、軍事的にアメリカと張り合うだけの経済力を持っていなかったソ連にとって、軍拡競争をやめる利益は非常に大きかったのです。

これに対し、当初アメリカは「相手にしない」「信用できない」という態度をとっていましたが、米ソのレイキャビク会談が一度失敗に終わった後、ゴルバチョフは国連での演説でさらに新たな核の削減構想を打ち出し、「やっと冷戦を終わらせる指導者が現れた」と喝采《かっさい》で迎えられます。それを受け、これまでソ連との交渉を拒絶してきたレーガン大統領は、国防総省よりも先にゴルバチョフの構想を受け入れ、SALTのときのチームメンバーを集めて、ほんとうに米ソで核の削減を進めることができるかどうか、ソ連との準備交渉を始めさせたのです。

私は、東アジアにおける日本と中国、さらにはアメリカと中国のあいだに安全保障のジレンマが始まっており、これを早い時期にとめなければ、さらに緊張関係が拡大して、具体的に軍事紛争が起こってしまう、そんな収拾がつかない状況になると考えています。そうした状況を避けることが今の最大の課題であり、そのための提案が、先ほど申し上げたような軍備管理です。

ここでの大きなポイントは、ソ連と違い、中国は経済的にも軍事的にも同時に成長しているということです。ソ連の場合は、経済が弱体でありながら無理に軍拡を進めているというアキレス腱《けん》があり、またアフガニスタンで愚かな戦争を繰り返して、もうこれ以上やっていけないという条件もありました。しかし、中国は今戦争をしていませんし、ソ連と違って、軍事力の強化をやめなければいけないインセンティブは何もありません。そのような状況で中国を巻き込んだ交渉ができるのかどうか。

格差があるなかでの軍縮はよい結果をもたらさない

数多くの難しい点がありますが、そのいくつかを挙げてみましょう。

まず、中国はアメリカに比べれば、はるかに軍事的に弱体です。将来、アメリカの軍事力に拮抗《きっこう》するだけの力を持つ可能性は十分にありますが、それは中国が現在の一〇%に近い成長率を今後二〇年間維持し続けなければ達成できないでしょうし、そう考えるのはかなり大胆な推定と言えます。格差が存在するなかで軍縮を進めようとすると、必ず弱い側から強い反発が生まれます。その好例は、ワシントンやロンドンでの軍縮会議でしょう。これらの会議により大きな代償を払うことになった日本が得たものは、けっして日本をめぐる国際関係の安定ではなく、「強圧の前に弱体化した」という教訓でした。これは日本のタカ派歴史家の解釈ではなく、現在の軍縮研究においては英文の文献でも当たり前のように書かれていることです。また、武装についての制限を加えられたナチは再軍備を進め、戦争を始めました。つまり、これらの軍縮会議は失敗に終わったのです。

確かに軍縮というものは望ましい目標かもしれませんが、十分に注意して行わなければ、弱い側に反発を起こさせ、かえって政策を攻撃的にさせてしまう可能性さえあります。そもそも弱い国を含んだ軍縮協議を始めるということ自体が大変難しいことを強調しておかなければなりません。

ふたつ目は、同盟国が軍備管理に対して非常に大きな警戒感を示す可能性がある、ということです。

核を持っている大国自身よりも同盟国の方が大国の核に対する依存が高いという状況が、時として生まれます。弱い同盟国の運命ですが、大国の軍事戦略に巻き込まれて戦場にされてしまうという恐怖、そして置き去りにされて守ってもらえないという恐怖、このふたつの恐怖にずっと悩まされるわけです。これは、アメリカに対する日本にも韓国にも言えることです。

もし、アメリカが中国と軍備管理交渉を始めたなら、そのとき、日本と韓国はどう反応するでしょうか。私は韓国よりむしろ日本の反発が強いだろうと思っています。アメリカが日本の頭越しに中国とそのような交渉をして合意するならば、ニクソン・ショックの二の舞になるわけです。あのときの衝撃は今なお外務省を揺るがしているのですが、軍縮・軍備管理が始まるというのは、同盟国からすれば「守ってくれない」という恐怖を高めることになります。その結果、かえってその地域の不安定化を招くことになりかねません。

この問題を考えるときに重要なことは、東アジアにおいては、中国も北朝鮮も日本も韓国もアメリカも、現状維持勢力だということです。中国については異論があるかもしれませんので、少し説明を加えます。

領海紛争があるなかで中国が主張する既得権を確保しようとする行動をとった南沙《なんさ》諸島での状況に比べれば、尖閣《せんかく》諸島沖合における人民解放軍の活動の激化はかなり遅く始まりました。それはアメリカ軍が出てくる可能性があったからですが、南沙諸島と異なり、そもそも尖閣諸島については国境紛争あるいは領海紛争が存在するという認識が国際社会になかったのです。ですから、ここで中国が新たな行動を起こせば、紛争を起こしているのは中国だと見られることになってしまいます。

もちろん、尖閣諸島沖合で中国が過激な行動に訴える可能性が近年高まっていることは事実ですが、二〇一〇年にぶつかってきたのは人民解放軍の駆逐艦ではなく漁船です。漁船ならぶつかっていいということではありませんが、これが駆逐艦だったら戦争になります。ですから、ぶつかってきたのが駆逐艦ではない、というところで、中国はまだ現状維持という範囲の中で行動していると言えると思います。

アメリカについて言えば、アメリカが中国を相手に戦争を準備しているかといえば、これは違います。

近年アメリカは、イラクやアフガニスタンで実際に兵隊が殺される現実を体験してきましたが、そうした時代を終わらせ、「今アメリカにいる兵隊はいつでも海外に送れるんだぞ、だから引っ込め」と脅せるアメリカ、つまりかつてのような抑止力となるアメリカに戻りたいというポジションにいます。そして、アメリカは中国の後退のためにこうした脅迫を行う意志はまったくありません。それが明らかになったのは、尖閣危機が日本の国有化によって拡大した後です。

オバマ政権になってから、中国に対する政策はずいぶん強攻策に転じましたが、にもかかわらず、日本が尖閣諸島を国有化した後、アメリカ政府は日本の立場になって中国を批難しませんでした。実際、国有化する直前までは、中国批難を繰り返していたのですが、それがピタッととまりました。

もし尖閣諸島で具体的な紛争が起こったときには、アメリカは日本の立場にならざるをえません。そうしなかったら、同盟国の信頼がなくなるからです。けれども、実戦にかかわることになるアメリカは大変に不利な立場に陥ってしまいます。だから、「戦争になるなよ、戦争になるなよ」と思いながら軍艦を送るわけです。つまり、東アジアにおいては、アメリカは現状維持勢力なのです。

排外的ナショナリズムの危機を打開するには

お互いに現状維持勢力であるならば、戦争する必要はありません。困ったことに、それでも起こるのが戦争というものです。それは先ほどから申し上げている安全保障のジレンマ、相手がハトかタカかわからないけれどタカだと考えてしまうがゆえに、お互いに現状維持勢力であって、現状維持で合意できるのに、相手に対する不信が高いときには相手に対する紛争を拡大するような選択をしてしまうのです。それをどう抑えるかが大事なのです。

一貫して大事なことは、軍備管理交渉が始まることによって前よりも安全なアジアが実現したと誰にもわかる状況をつくることです。戦争になるよりは、こっちの方がよっぽどマシだということを示していく必要があります。そして、単に政府間の軍備管理の交渉を行うだけでなく、それを国民にアピールしていかなければなりません。

かつては、政府のあいだに不信感があっても国民のあいだでは協力は可能だという自由主義的な世界観がカントやベンサムのようなリベラル派によって示されましたが、今の現実は、必ずしもそうは言えない状況です。どの国にも、政府間の対立を増幅させるような国内での排外的ナショナリズムが存在します。たとえば日本では、石原慎太郎元都知事をはじめずいぶん威勢のいいことを言う人たちがいて、日本政府がとっている行動はまだ現状維持の範囲内にあるものの、それが危うくなってきています。現状維持の範囲の中には常にグレーゾーンがあるのですが、そのグレーゾーンで紛争が起こりかねないという状況になっています。これを打開するためには、両方の政府が「われわれの地域は前よりも安全になった、紛争の回避について合意することができた」と絶えず国民にアピールするような広報外交をしなければなりません。

私は、戦争が不可避だとか、日本と中国で相手に対する不寛容な偏見が主流になっているとはまったく思いません。現在、日本でも中国でも、表に出ている世論は急進的ナショナリズムですが、世論調査をすると違った結果が出てきます。「なんとか紛争が起こらないでほしい」というところに圧倒的に高い支持が集まるのですが、ここがわれわれの支えとなっているのです。

私が主宰する「ひろしま平和貢献構想」の提言で、「こういう方法をとれば前よりも安全になる、不用意な紛争を避けられる」とわれわれが呼びかけているのは、「中国人なんか信用できるか」「日本人なんか信用できるか」という人たちに対してではなく、政治的な発言としては表に出てこないけれど、こんな不安定な状況がなんとかなくなってほしいと考えている多数派に向けてです。それによって、急進的な議論に政治が引きずられるのを避けることができるのではないかと思っています。

「ひろしま平和貢献構想」は、単にマスメディアに向けてのアピールだけでなく、専門家や実務家にわれわれの提言が届くという状態をつくりたいと思っています。そのためには、英語による発信が非常に重要です。アメリカの外交評論誌に論文が載れば、アメリカ人だけではなくヨーロッパでも読まれ、政策論の中心となるものが出てきます。まずはそうしたものをつくり、その流れを大きくしていきたいと考えています。オーストラリアやアメリカ、中国の政府に提言を届けていきたいし、何よりも中国の国民に伝えたいと考えています。

軍縮や軍備管理という話題は、政府関係者や狭義の専門家の言葉を議論する領域かもしれないとも思います。しかし、こうしたことから緊張関係を打開する効果は非常に大きいと私は考えています。軍備管理は、確かに核の廃絶から比べれば明らかに限定された目標に過ぎないでしょう。しかし、小さな軍事衝突が大規模な戦争にエスカレートする可能性が現実のものとなったときには、これは第一に取り組むべき課題であると思います。

【Q&A】

集団的自衛権と特定秘密保護法案の何が問題か

Q　集団的自衛権の見直しや特定秘密保護法案の法制化などの動きは、アメリカの意図とどのような関係があるのでしょうか。

藤原　同盟を結んでいる以上、集団的自衛権はむしろ当然発生する課題ですが、日本は、憲法でこれを認めないという解釈をとることによって、結果的にアメリカとの軍事協力の範囲を限定してきたという経過があります。かつてはアメリカ側から、集団的自衛権についての憲法解釈を見直すよう圧力がありました。しかし、今のアメリカはそうした要求をしてきていません。にもかかわらず、日本側が集団的自衛権を主張しているということに、私は大きな懸念を抱いています。

今問題になっているのは、シリアなど紛争地域に派兵するかどうかということで、そもそも自衛権の問題ではありません。それなのに、集団的自衛権の議論が出てきている。実のところ、現在政府レベルで議論されている集団的自衛権の内容は非常に限定的なもので、自衛権の範囲をどこまで認めるかという話をしています。しかし、だから大丈夫とは言えません。まず、議論が行われているのは法案ではなく、せいぜい閣議決定や了解レベルのことに過ぎず、簡単に破ることができてしまいます。

そして、集団的自衛権の見直しの何が問題かと言えば、軍事行動についての法的な制約を取り除くということに尽きます。それによって、これまであった軍事力に対する歯止めがなくなり、軍事力の発動について大きな領域を認めることにつながるでしょう。

軍事行動がその状況でほんとうに必要か、その判断力がない人物が軍事力の合理性を過信した場合に起こることは、不要な戦争です。これは絶対に避けなければなりません。

アメリカにとって集団的自衛権は優先されるべき目標ではなく、むしろ日本がアメリカの抑制から離れて中国に攻撃的な政策をとることを心配していると思います。しかし、特定秘密保護法案は、アメリカが求めているという面が確かにあると私は考えています。

民主党政権のとき、中国に対する情報収集に日本も協力するようにというアメリカの要請を日本政府が断ったことがありました。しかし、断り続けることは難しいでしょう。となれば、アメリカに情報が提供できるような制度を日本も準備すべきだ、ということになります。ただ、情報公開を求められたとき、それが明らかになってしまうのは避けたい。そのための法律をつくる必要があるということで出てきたのが特定秘密保護法案だ、と私は解釈しています。

機密保護は、単に政府の機密を暴露できなくなるということだけではなく、われわれの情報を政府が掌握することをわれわれが知ることができないということです。一般に行われている議論と違って、私は、この法案の最大の問題は秘密の保護ではなく、政府が情報を入手したことについて情報公開する必要がないという状況だと思います。

戦争は、アメリカという「世界の警察」が生み出しているのか

Q　アメリカは「世界の警察」と言われるほどあちこちで戦争をし、自国の軍需産業を潤しています。そして、日本も兵器を生産・輸出することでそれに加担しているという状況をどうお考えでしょうか。

藤原　アメリカが「世界の警察」をやりたくてやっているかと言えば、私は違うと思いま

す。むしろ正反対で、イラク戦争で大きなダメージを受けた結果、脅す役割はしたいけれど兵士は送りたくない、というのが今のアメリカがおかれている状況です。

アメリカが不要な戦争を戦うのは困ったものですが、アメリカが戦争をためらうということが国際関係の安定につながるかと言えば、必ずしもそうではありません。今、シリアでは多くの殺戮《さつりく》が行われ、大変な人道的災害が続いていますが、そこに軍事介入するには大量の地上軍を投入しなければならず、莫大《ばくだい》なコストがかかるということで、アメリカは行動を起こしていません。そこで今、国連を中心に和平合意に向かう動きがありますが、これは今度は国連が「警察」の役割を担うということです。国連が中心になると軍事制裁という方法を採用するのは非常に難しくなり、和平合意ということになりますが、その場合、各国が賛同する状況をしっかり固めなければなりません。ですから、アサド政権も含む和平合意という方向に向かわざるをえないでしょう。

ドライな言い方になりますが、ほかの国は、アメリカが戦争することに寄りかかって国防を達成してきた面があります。それがなくなったとき、つまりアメリカが戦争をしなくなったら、今度は新たな不安定が生まれることになりかねない。それを防ぐためには、アメリカの軍事力にただ頼るのでなく、アメリカを含む世界各国が国際紛争のエスカレートを防ぐためにコミットメントを示さなければならない。それがたとえば国連安保理の決議に基づく派兵という形になるわけです。しかし今、そのような動きはごく乏しい。私はそこが気がかりです。

そして、アメリカの兵器産業は確かに非常に強力ですが、その存在はかつてに比べて小さくなっており、もはやアメリカ経済に不可欠なものではありません。その点が、冷戦の時代との大きな違いです。

そして日本は、非核三原則は守られていると思いますが、兵器の生産・輸出に関しては間違いなく行っています。これはアメリカとの関係において生まれてきたものです。アメリカの兵器産業と日本の兵器産業のジョイントベンチャーのような形をとることで、結果的にもとのアメリカ産の兵器とは比較にならないほど高い値段のものになっています。

しかし、北朝鮮や中国の脅威を前にし、ほかを犠牲にしても国民の安全を守るためには必要なコストだ、と国民が考えるならば、反発は起こらないでしょう。ですから、大事なことは、単に軍事費を拡大する政府を批判するのではなく、ほかの方法で安全を実現できる現実的政策があるということを示すことで、それがわれわれ専門家の仕事だと思っています。

日本の外交政策は誰が決定しているのか

Q　東アジアにおいては、どの国も現状維持を求めているという話がありましたが、安倍首相の考えは違うように思われます。そうした状況で、誰が外交の戦略を考え、決めているのでしょうか。

藤原　日本の外交戦略は誰が考え、誰が決定しているのか。正直にいうと、調べれば調べるほど、よくわからないのです。それは外務省だ、という声があるかもしれませんが、では外務省の誰が決めているのか、それがわからない。

外務官僚の仕事というのは、基本的に案件処理です。本来は、現場から課長に上がったあたりから、外交政策の構想を立てるということをしなければならないのですが、ずっと苦情処理のようなことばかりやってきて、そのためのトレーニングを積んでいない。個々の案件に取り組む前に外交における基本方針についての議論があるべきなのですが、そうした議論がないまま、首相や閣僚が、外務官僚が定めた具体的な会議の政策方針に縛られているというのが現状です。官僚といっても、日本政府は課長のハンコの数だけあるわけで、かなり専門が細分化されていますから、結局、誰が中心になってやっているのかよくわからない、ということになります。

日本が現状変更勢力となるのは、どんなときか

Q　仮に日本が現状変更勢力になるような動きを見せた場合、どのような展開をとるとお考えでしょうか。

藤原　日本が今ただちに武力の行使を伴う現状変更や境界線の変更を行うような状況があるかといえば、それはないと思います。ただ、外から憂慮される状況は十分にあるだろうという懸念はあります。

領土問題の中では、竹島問題を心配しています。日本に住む限りは、「竹島は日本固有の領土だ」という以外の情報を得ることはまずありませんし、竹島問題が争いになりうるという観念さえ乏しいと思います。しかし、韓国国内において様相は異なります。

竹島は今、韓国が実効支配しています。そこへ日本政府関係者でない勢力が乗り込んでいって日本の旗を立てたとします。彼らが韓国に拘束され、裁判を受けるということになったとき、「彼らを釈放しろ」「竹島は日本の領土だ」と騒ぎが起き、それがさらに新たな争いを生み、収拾がつかなくなる、というシナリオは、それほど非現実的だとは思いませ

ん。

尖閣諸島沖合における中国政府の行動を私は認めることができませんが、それは日本が実効支配している島に対して中国が強硬措置に近い行動をとっているからです。どちらが正しいということではなく、竹島に上陸して「これはわれわれの領土だ」と主張することは、韓国が実効支配している島の領有権を変えようとする行動であることに違いはありません。そして、この問題については、アメリカが韓国政府の側に立つことも覚悟した方がいいでしょう。

竹島、韓国では独島《トクト》ですが、これは韓国が実効支配しているだけではなく、十分に韓国側に有利な条件を提起できるものです。それに加えて、基本的に無人島ということであれば、国際司法裁判所に提訴しても、明らかに支配している側が有利です。尖閣諸島の問題も似たところがありますが、そもそも、李承晩《イスンマン》ライン、マッカーサーラインは「新たな領有を決定するものではない」という条件つきで定められたものです。

もうひとつの懸念は、歴史問題です。慰安婦問題については、私は韓国側の解釈にいくつか間違いがあると考えていますが、それは問題を誇張しているということではなくて、コリアンの経験だけで語っているということです。慰安所は日本が占領した地域のほとんどでつくられたもので、コリアンが慰安所の中心だったという言い方自体がそもそも正当な解釈ではありません。これは、日本人だけが広島・長崎で被爆したのではないのに、日本人の経験として広島・長崎を語るということと似たところがあると思います。さらに言えば、強制の度合いが高くなってくるのは、むしろ南洋における作戦地域だというのは、だいたい専門家の解釈として一致しているものです。

だからと言って、河野《こうの》談話を撤回していいとは言っていません。実は、河野談話は絶対に撤回してはいけない重要なポイントです。

もし日本政府が河野談話を撤回した場合、韓国政府だけでなく、アメリカやヨーロッパとも大きな紛争を抱えることになります。それは東京裁判の否定ということにとどまらず、ポツダム宣言の否定も含めた、つまり日本は戦争で侵略した側だということを否定する歴史の始まりだ、ということになるからです。私よりもはるかに保守的なアメリカ人の評論家でさえも、「河野談話を撤回したらおしまいだ」と念押しするほど、この問題は重要です。

しかし、かなりの数の国会議員が、慰安婦は基地の周りにいる通常の売春婦と同じ存在だと確信しています。残念ながら、この問題が争いの火種となる可能性は否定できません。

どうすれば、若い世代が冷静に国と国との関係を考えるようになるか

Q　特に若い世代のあいだで急進的ナショナリズムに流されていく傾向が強まっていると感じますし、私のような反戦教育を受けてきた三〇代、四〇代の人間の中にもそうした傾向が見られます。もっと冷静に国と国との関係を考える子どもたちを育てるには、どうしたらいいとお考えでしょうか。

藤原　実際にチャイニーズやコリアンの知り合いがおらず、コンビニエンスストアの店員として働いたり大声でしゃべっているチャイニーズやコリアンの人たちを見て反発する人がたくさんいます。要するに、今の日本では、偏見をサポートするような断片的な経験がある、あるいは断片的なことは知っているけれど実際のことは知らないというところでの偏見が多いのではないかと思います。

たとえば、アラブ人に対して凄《すさ》まじい区別、差別、棲《す》み分けが強制されているエルサレムでは、ユダヤ人のアラブ人に対する感覚は、アメリカに住んでいるユダヤ人よりも、はるかに現実的です。つまり、すぐ近くにいるアラブ人との接触があることで、彼らも同じ人間だとわかっているわけです。

接触の機会があることによってコミュニケーションが始まっていき、そこからできることも多いと思います。私が勤めている東京大学では、留学生と日本人の学生が色々な形で接触する機会を意図的につくっているのですが、彼らの関係は普通にうまくいきますし、ついでに言えば、中国から来た学生と台湾から来た学生はとても仲よしだったりします。それは、人間には、いろいろなところから来た人に会い、彼らがどんな暮らしをしているのか知りたいという純粋な好奇心があるからではないでしょうか。

一方、アメリカのユダヤ人は、アラブ人に会うことがほとんどありませんし、テレビの映像で流れる爆弾テロなどのイメージが断片的な経験の元となるのですから、彼らの偏見はエルサレムのユダヤ人とはまったく違ったものになります。こうしたところから生まれてくる偏見に対処するのは非常に難しい。

ですから、やはりパブリック・ディプロマシーが非常に大切だと思います。ほかの国に対するイメージをつくる上でのマスメディア、それから外交政策の役割はとても大きなものので、それが偏見を生み出すようなものだと、中国人がどういう人なのか知らないのに、最初から偏見を持つことが可能になってしまいます。日本でも中国でも、メディアによって誇張されたイメージが一人歩きしていますが、それをどう反転させるのかが、今の課題です。

第三回　世界における歴史認識と日本

保阪正康

〈ほさか・まさやす〉

ノンフィクション作家・評論家。一九三九年、北海道生まれ。「昭和史を語り継ぐ会」主宰。著書に『東條英機と天皇の時代』『陸軍省軍務局と日米開戦』『安楽死と尊厳死——医療の中の生と死』『昭和史の教訓』『官僚亡国——軍部と霞が関エリート、失敗の本質』『昭和の戦争と独立——二十一世紀の視点で振り返る』など。「昭和史を語り継ぐ会」の会誌「昭和史講座」ほか一連の昭和史研究で二〇〇四年菊池寛賞受賞。

（講義日　二〇一三年一一月一二日）

【講演】

さまざまな「歴史をみつめる目」

今日は、国際社会の中で「歴史認識」という言葉がどのように理解されているのか、また国際社会にはどのような形の「歴史認識」があり、それぞれの内容について日本ではどういった理解をされているのか、ということを中心に、三つのパートにわけてお話ししていきたいと思います。

まず一番目は、「歴史をみつめる目」について、これは「歴史観」または「歴史認識」といった言葉で語られます。二番目に、学問的な領域にとどまらず、われわれが生きている日常そのものが歴史だと考えるならば、ジャーナリズムとはまさにその日常にある歴史を代弁するものであり、そうしたことを踏まえ、ジャーナリズムの中に歴史をどう見るかということを考えたいと思います。そして三番目に、私たちの実体験や私たちが選択してきた歴史的事実を次の世代にどのように伝えるか、つまり歴史というものをどのように語り継いでいくか、ということをテーマにしたいと思います。

最初の「歴史をみつめる目」ですが、アカデミズムとしては、いくつかの法則ないし原則があります。たとえば、唯物史観という形の歴史記述があります。戦後の日本では、この唯物史観が主流でしたが、わかりやすく言えば、歴史というものは社会主義的な方向に向かう人類史の歩みである、という考え方です。

それに対し、戦前の日本で唱えられていたのは皇国史観です。天皇を中心とする歴史観で、われわれは天皇の赤子《せきし》であり、日本の歴史は天皇によってつくられてきたとするものです。その根拠となっているのは『古事記』『日本書紀』、つまり神話であって、これは日本に限ったことではありませんが、国の物語の始まりとしてはあまり科学性がないと言えます。

比較的最近のものでは文明史観というものも挙げられるでしょう。サミュエル・ハンチントンというアメリカの学者が「人類史には、キリスト教文明、イスラム文明、中国文明など八つの文明がある」と言っているのですが、それぞれの文明を検証・分析しながら、「歴史というものは文明の衝突である」ととらえているのが特徴です。八つの文明の中には、日本文明も入っていて、なぜそう考えるかというハンチントンの分析には興味深いものがあります。

理由はいくつかあるのですが、そのひとつは、日本文明というのは日本だけ、日本人だけのものであり、言語も日本語しか用いない、そして日本という国の国土の中に押し込められている文明だというものです。たとえばキリスト教文明であれば、国を超え、民族を超えて広がっていき、ひとつの文明の中にさまざまな言語があるのとは対照的です。

だからこそ日本にはほかの文明同士が衝突したときに仲裁、あるいは斡旋《あっせん》の役割を果たすことができるというプラスの面がある、とハンチントンは言います。ではマイナス面は何かと言えば、それは孤立し唯我独尊に陥りやすいということです。一九三〇年代からの日本は明らかに「自分の文明が一番正しい」という独善に陥っていました。

このほかに、物語史観というものもあります。アフリカの民族などに多いのですが、それぞれの国の歴史というものが物語によって伝承されていて、国の始まりがどういうふうな形であったかはさまざまですが、共通しているのは文明が伝承でつくられていくということです。この物語文明は、ある種の共同体の紐帯《ちゅうたい》として非常に強い力を持っているものの、その影響力の広がりはそれほど見られないという欠点もあります。

最後になりましたが、実証主義史観という歴史観をあえて挙げたいと思います。そもそも二〇世紀の科学そのものが、実証主義的に裏付けできないものは存在しない、という立場をとってきましたが、歴史で言えば証拠となる文書、記録といった誰もが納得できる形あるものによって歴史を分析しているのがこの歴史観の特徴になります。ですから、実証主義史観においては、そうした確かな裏付けがないものについては、わからない、考えないという態度をとります。

記憶と記録が培ってきた戦後日本の歴史観

私が、あえて、と言って実証主義史観を挙げたのには理由があります。

皆さんが繙《ひもと》く歴史書は、だいたい今挙げた史観の枠の中で書かれています。そのなかで、唯物史観、皇国史観は演繹《えんえき》的で、「人類史はこうやって発展するんだ」「天皇の歴史はこうして進められてきたんだ」という方向に沿って史実が整理されていきますから、かなり無理が出てきます。

たとえば、唯物史観で言えば、「弾圧されている人民は常に抵抗する」という原則があるわけですが、それが常に史実に沿っているとは限りません。昭和一〇年代の日本を見ても、「人民」は、ほとんど一丸となって戦争に突き進んでいったようなものですが、それでは唯物史観としての説得力がなくなってしまうので、つじつま合わせのような感じで、無理矢理、抵抗した例を探さなければなりませんでした。しかし、これでは、史実の操作になってしまいます。

皇国史観には、さらにその傾向が強いと言えます。昭和一〇年代には、天皇機関説排撃運動により、「天皇は神である」という恐るべきドグマが社会に通底するものとなっていきました。「天皇は神である」という形の中でしか史実がつくられていかないわけですから、もはや「ほんとうに天皇は神なのか」と疑問を持つことすら許されなかったわけです。

文明の衝突という次元で歴史を見る文明史観について言えば、歴史上、文明の衝突でない戦争や争いは数多くありますから、そうしたものを説明しようとすると矛盾が出てくる、という弱点があります。また、物語史観は、ひとつの共同体に伝承する物語を歴史として解釈するものですが、その共同体の外部には影響力を持つことが難しい。

これらに対し、実証主義史観というのは、演繹とは正反対のものです。さまざまな史実を調べて、思想的には右であれ左であれ史実はこれだ、というものを積み上げていきます。そのためには、元になる資料が必要ですが、日本の戦後史研究について言えば、この資料となるものをゼロから探さなければなりませんでした。

なぜなら、一九四五年八月一四日に、日本政府の閣議で、さらに軍事指導の上層部では、行政機構、軍事機構の末端にいたるまで「戦争関連の資料を全部燃やせ」という命令を出したからです。それも文書で残すとまずいというので、口頭で末端まで伝えました。その ために、公的機関が持っていた戦争に関する資料は皆、焼失しました。当時の日本の指導者たちは、ポツダム宣言を受諾し、アメリカの占領支配を受けたら、戦争裁判を受けることがわかっており、それで裁判の証拠となる資料を出せないようにするために、「燃やせ」という命令を出したのです。

このこと自体も責めるべきですが、ここで申し上げたいのは、その命令でゼロになった資料を戦後六八年かけて、当初はアメリカ占領軍が、その後は日本のジャーナリズム、アカデミズムがまさに一歩ずつ探していったという事実です。基本的には重要な資料はすべて燃やされてしまっているのですが、長野県のある村では燃やされなかった資料があった、鹿児島県の何々郡には命令が充分に伝わらなくて資料が残っていたというように、少しずつ史実が明らかになっていったのです。われわれ歴史の研究者は、そうして懸命に探し求められた資料を元に議論や解釈を行っています。もちろん、論争は起こります。しかし、共通の資料があるからこそ論争が成り立つとも言えるわけです。

戦後六八年の中で、戦争を体験した世代が持っている記憶を父とし、営々と掘り起こされてきた記録を母として、教訓あるいは知恵という子ども、つまり日本社会の歴史観が生まれたのだ、と私は思っています。こうした実証主義的に積み重ねてきた歴史認識というものが、この国の戦前の歴史を理解する尺度となってきました。

「日本は侵略していない」と言うことの何が問題か

しかし、それが今、揺らいできています。

どういう揺らぎ方をしているかというと、まず「日本は侵略などしていない」あるいは「従軍慰安婦はいなかった」というような旗を立て、その旗の下でそれに見合う史実を集めてくる、いわば、史実のつまみ食いです。

たとえば、一九二八年の張作霖《ちょうさくりん》爆殺事件は、関東軍参謀の河本大作《こうもとだいさく》がやったということを彼自身が認めており、それを裏付ける資料も複数出ています。それを、イギリス在住の中国人が書いた一冊の本を根拠にして、「張作霖を殺したのは日本軍ではなく、コミンテルンの陰謀だ」と言い出したりします。

これは、先ほど申し上げたような、実証主義的に、ある論理性、ある資料、ある整合性を尊びながら歴史というものを理解していこうという考え方とはまったく逆の姿勢です。

日本だけではなく、ヨーロッパでも「アウシュビッツはなかった」というような人がいますが、こうした歴史認識は「歴史修正主義」と言われています。

従軍慰安婦問題についても、「日本軍が関与した資料はない、だから従軍慰安婦はいなかった」と彼らは言うわけですが、私たちは「資料がない」とは言えないのです。なぜなら、一九四五年八月一四日に「資料を全部燃やせ」という命令を出したのですから、その燃やした中に従軍慰安婦に関する資料があった可能性は否定できません。彼ら歴史修正主義者たちが、そうして自分たちの見方に合う資料だけを振りかざすのは、ある意味、傲岸《ごうがん》不遜《ふそん》であり、無知といってもいいと思います。けれども、そうした考え方が日本社会の中にある種の広がりを持っていることに、大きな懸念を抱かずにはいられません。

困ることに、安倍晋三《あべしんぞう》首相の歴史観は、この歴史修正主義の影響を受けているようなのです。もし安倍さんが自民党の一代議士であるならば、「自民党にはそういう考えの人もいるんだな」ということですみますが、首相として発言するということは国家を代弁しているわけですから、そこで歴史修正主義的歴史観が披露されるのは、やはり問題ではないかと私は思います。今問われているのは、安倍さんの発言の中に潜む歴史観の脆弱《ぜいじゃく》さ、根拠のなさ、薄っぺらさなのです。

日本は国として、村山談話や河野《こうの》談話などで一応歴史的なケリをつけたことに関しては責任がありますし、それはそれとして守らなければなりません。なのに「あれは違う」というような言い訳を繰り返すのですから、中国や韓国といった国々から不信感を買うのは当然です。これは歴史観を共有するか否かということではなく、一度了解したことについて話をむしかえすようなことをするのであれば、「戦後って、いったい何だったのか」という話になってしまうからです。だから公的に認めたことは戻さない、というのが戦後日本が行ってきた了解だったと思いますが、安倍さんに代表される歴史修正主義的傾向の強い人たちの発言には、その了解がない、ということになります。

靖国《やすくに》神社をめぐるアメリカの対応と特定秘密保護法案

その例として、靖国神社の問題が挙げられます。

一九七八年、「戦争責任を問われた人を祀《まつ》るのは靖国神社存立の趣旨に反する」とそれまでは合祀《ごうし》されることのなかったA級戦犯が、松平永芳という宮司によって合祀されました。しかも、彼は合祀したということ自体を伏せていて、それを明らかにしたのは、共同通信のスクープでした。その後、昭和天皇は靖国神社にまったく行かなくなりました。靖国はもともとは明治天皇の思《おぼ》し召しで建立された神社（現在は一宗教法人）であるにもかかわらず、そうした行動をとったというところに、私は昭和天皇の意志の強さを感じます。

ところで、この松平永芳という宮司は、なぜ自分はA級戦犯を合祀したかということについて、のちに次のように主張しています。〈戦争というのは軍事と政治のふたつの側面から成り立っていて、軍事の戦争は一九四五年八月一五日に日本が敗《ま》けて終わったけれども、政治の戦争は、一九五二年四月二八日サンフランシスコ講和条約が発効して日本が独立国になったときまで続いていた、そして日本が占領されているあいだに東京裁判で処刑された人たちは政治的な戦死を遂げたのだ、だからA級戦犯を靖国神社に祀る〉という論理です。

こうした論理もないとは言えませんが、占領を受けていた時代を政治の戦争下というならば、吉田茂はアメリカ傀儡《かいらい》政権の親玉であり、もっと言えば、昭和天皇はマッカーサーの意向に従い、アメリカに日本の運命をゆだねただけの人物となるわけです。そして、戦後の民主主義は大変な誤りであり、真の独立のためには、ここから直さなければならない、ということになります。

ちなみに安倍政権は、二〇一三年四月二八日にサンフランシスコ条約発効で日本が独立したことを記念する式典を開き、安倍さんが音頭をとったわけではないけれども、出席していた天皇に対して「天皇陛下万歳」という声がわき起こりました。そもそも、こうした行事を行うという発想の中に、松平さんが言う「政治的戦争」の意味があると解釈されても文句は言えないでしょう。

アメリカは、こうした安倍さんの歴史認識にかなり不快感を持っていると思われます。特に、アメリカ上院の共和党保守派、彼らは頑強なアメリカ第一主義者ですが、そうした人びとが怒っています。彼らの最大のアイデンティティは、第二次世界大戦でヒットラーを倒し、日本の軍国主義を倒した、ということにあるのですから、「侵略の定義は学者に任せる以外ない」などと言う安倍さんの発言に「真珠湾攻撃はどうなのか」「われわれがやった東京裁判を否定するのか」と怒りを覚えるのです。二〇一三年一〇月、アメリカの国務長官と国防長官が来日したとき、千鳥ケ淵《ちどりがふち》戦没者墓苑《ぼえん》に献花し、追悼の意を捧《ささ》げたのは、「自分たちは靖国を認めない」というアメリカ政府の公式見解と言っていいでしょう。日本側は靖国とアーリントン国立墓地を同じだと言うけれど、われわれのアーリントンは靖国のような政治性や宗教性は持っていない、一緒にするなどとんでもない、という怒りですね。

一方で、こうしたアメリカの不快感は、アメリカと日本のあいだの取引に使われる恐れがあると私は思います。たとえば、特定秘密保護法案、これはファシズムの予兆どころか大変不気味な法律だと思いますが、これは軍事同盟を結んでいる以上、軍事情報を共有したいから、そのために軍事機密を防備するものをつくってほしい、というアメリカ側の内示があったためと言われています。アメリカは、先ほど述べたような歴史観についての原則に基づく行動と政治的要求を使いわけて、要求することはきちっと持ち出してくるのですから、やはり凄《すご》い国だと思います。

安倍さんは、自らの歴史修正主義的論理にこだわるなら、それをアメリカ政府にきちんと主張すべきでしょう。「政治的戦争」だったのだから、占領期を否定し一九五二年四月二八日の日本独立をスタートにしたいと言えばわかりやすいのに（むろん私はこういう安倍さんの考えに反対です）、そこを曖昧《あいまい》にしているから、安倍さんとしては自らの歴史認識についてよく理解されていないとの焦りがあると思います。

ナチスドイツと戦後日本の大きな違い

歴史認識の問題で、もうひとつ付け加えておきます。第一次世界大戦と第二次世界大戦と二度の「世界大戦」がありましたが、なぜ「世界大戦」かといえば、戦争の形態、なかんずく戦争の意味がそれまでとは変わったからです。

もっとも大きな変化は、非戦闘員である一般市民が数多く死ぬようになったことで、これは、戦車や戦闘機、毒ガスなど科学の進歩によって開発された兵器が使われるようになったためです。そして、対峙《たいじ》している国同士だけでなく、たとえば植民地だったアフリカから兵隊がヨーロッパの戦場に連れてこられたり、主要な戦場から遠く離れたアジアで、イギリスの同盟国である日本がドイツ領だった青島を占領したりして、戦争の規模が「世界」へ広がっていきました。

第一次世界大戦後、「さすがに人類はもうこんな戦争をやってはいけない」という諒解《りょうかい》をつくったのが、一九二〇年代の国際協調路線です。しかし、この国際協調路線の最大の欠陥は、連合国側の勝者にとって都合のいい国際協調で、敗戦国だったドイツに過重な負担をかけたことです。簡単に言ってしまうと、ひどい仕打ちをうけた復讐《ふくしゅう》をしようということでドイツにヒットラーが出てきて、第二次世界大戦が始まってしまうわけです。

日本が誇るべきことは、一九四五年に戦争で敗けたその復讐をしようとはしなかったことです。「俺たちの国をこんなふうにしやがって、米英をやっつけてやろう」と軍備を充実し、隙《すき》を見て復讐戦をやろうという国づくりをしていたならば、われわれは戦争と戦争のあいだの時代、戦間期の思想を持つことになっていたでしょう。しかし、日本は新しい憲法の下で、軍を否定し、戦間期の思想というものを否定してきました。そして、このことがまさに、国際社会の日本に対する評価となっているのです。もちろん、経済大国としての日本にはさまざまな批判がありましたが、人類史上に名を残してもいいほどのある種の生真面目さで戦争というものを反省している、戦間期というものを持たないということを明確にしている、そのことについての国際的評価は高い。憲法の存在以前に、日本人の国民的性格の中にもそうした傾向が強いのでしょうが、私たちは戦間期を持たないという歴史的な試みを日々続けているのです。いや実際にこれからも戦間期は持たないと私は思います。

とはいえ、危ういと思われることがないではありません。安倍内閣の官房副長官補が「地球の裏側まで行きませんということではないというのが集団的自衛権の発想の根源にある」という意味の発言をしたことがあります。昭和一〇年代の日本陸軍について調べた人間として言わせてもらえば、こういうアジテーターは当時も大勢いました。そして、彼らは自分たちが言ったことについてまったく責任をとっていません。「地球の裏側まで行くことを厭《いと》わない」と言っても、実際に行くのは自分ではなく、自衛隊の隊員たちが死ぬかもしれないという状況で行くわけです。そういうことまで想定しての発言ならともかく、そうでないのなら、その無神経さこそが日本が戦間期をつくるという発想が根源にあると誤解される因だと考えるべきだと思います。

だからこそ、日本は自らの歴史観をきちんと確立しないといけないのに、その歴史観が今大きく揺らいでいます。「俺たちだけが悪いんじゃねえよ」「侵略などしていない」という主張は、「日本は、もしかしたら戦間期をつくろうとしているのではないか」と、国際社会から、特にアメリカの保守派のような人びとから思われることでしょう。

私は自分のことを保守派の側にいる人間だと考えていますが、そういう人間でさえも安倍さんの歴史観に不安を覚えます。ちなみに、自民党という保守政党の中にも、「憲法は改正してもいいが、日本の戦間期をつくるまい、二度と戦争はしないという意志と理念を強めよう」と努力を続けてきた政治家が大勢いました。歴史修正主義的見解は、そうした先達への侮辱ではないでしょうか。

日本人が戦後六八年、現実の中で積み重ねてきた歴史を前に進める、あるいはさらに深めていくというのではなく、それを一生懸命後ろに戻そうとするのは、エネルギーのロスではないかとさえ思わずにはいられません。

新聞を読むために払うのは購読料ではなく「委託料」

さて、冒頭に挙げた三つのパートのうちのふたつめ、ジャーナリズムの中に歴史をどう見るか、ということについて話していきましょう。私はネットをやりませんし、テレビもあまり観《み》ない人間ですので、新聞を例にメディアの話を進めたいと思います。

新聞を読むとき、私たちは購読料を払いますが、これはほんとうは私たちの知る権利の委託料ではないでしょうか。私たちは生まれたときから知る権利を持っています。さまざまな情報が適正に社会に発せられることによって、私たちのこの市民的権利は守られます。そして、新聞を含むメディアの役割はそこにあります。

たとえば、私たちが「なぜ特定秘密保護法案のようなものを通すのですか?」と安倍さんに聞きたくても、それはできませんので、新聞が代わりに聞いてくれるのです。「委託料」を払っているのですから、自分が読んでいる新聞が正確に報道していないと思うのならば、即座にやめるべきでしょう。それが、市民的権利というものを自覚したときの態度です。景品をくれるから購読するという人がいますが、そういうことは知る権利の自己放棄だと思います。小さなことかもしれませんが、こうした日常の些事《さじ》と思われるようなことにこだわりを持たなければ、権利というものは必ず侵され、潰《つぶ》されるでしょう。

歴史を見れば、そのことは明らかです。一九三三年から四五年までのわずか十二、三年の年譜を見てください。自由なことを書いていたのが、三年経《た》ったら、こんなことも、ということが書けなくなり、一〇年経ったらさらにそれが増えていっています。

それは、国家が戦争を始める、あるいはある種の強権的な国家体制にするという意志を持ったら、間違いなくその意志を遂げるためのシステムをつくるからです。国家は司法も立法も行政も握っているのですから、やろうと思えばそういうものを容易につくるに決まっているのです。だから政府にそれだけの権限を与えない、というのが、戦後を通しての約束事だったのではないでしょうか。

一四年というスピードで大きな変化を起こす日本

一九三三年から四五年までのわずかなあいだに国家のシステムが市民の権利を抑圧していくスピードの速さ、この直線的な歩み方というのは、日本人が病理的に抱えているものなのではないかと思います。

たとえば、一九三一年九月に満州事変が起こってから四五年八月一五日までの一四年間で、戦争の準備などほとんどしていないような状態から日本は最終的に一〇〇ヵ国ぐらいの国々と交戦状態に陥ってしまいます。これがマイナスの動きだとすれば、一九六〇年一二月に池田勇人《はやと》内閣が所得倍増計画を発表し、高度成長政策を推進してから、七四年に高度成長がとまるまでがやはり一四年、その間に貧しかった日本が世界第二位の経済大国になっていくのがプラスの動きです。

こうした二〇世紀の日本人の国民性について、ポール・ジョンソンというイギリスのジャーナリスト・歴史家が『現代史』という本の中で、次のように書いています。

「中国人は空間に生き、日本人は時間に生きる、とよく言われる。（略）（日本人の）発展を線的にとらえる意識はほとんど西洋的といってよく、点から点へ全速力で移動する。（略）このため日本の社会では活力が重視される。」（※上巻　二六六～二六七ページ）

これをわかりやすく解説すると、日本人は目標を設定すると、最短距離で最大のエネルギーでそれを達成する。このエネルギーの凄さというのは西洋よりも顕著で、これは日本人の特徴である、との意味になります。

この短期間でよかれ悪《あ》しかれ目標を達成してしまうという日本人の国民的性格をどう生

かすべきか、考える必要があると思いますが、問題は、猛スピードで目標に突き進んでいくとき、強いものは生き残れるけれども弱いものはどんどん切り捨てられていってしまうということです。高度成長のときに公害患者には冷たい風潮がありましたが、勢いよく進んでいくときの恍惚《こうこつ》感というのは、日本の国民的性格と言えると思います。この切り捨てていくものが多ければ多いほど、ある意味最短距離を走ることになるのです。

多くのものを切り捨てて突き進んでいくせわしない一四年間に対するアンチテーゼとなるのは、市民的権利の保障への自覚です。もっとゆっくり進めばいいじゃないか、ということですね。たとえば、デモをやっていると、「デモのせいで運送の車が通れない、生鮮食品が築地《つきじ》で古くなっちゃう、デモなんかやってる暇なんかあるか」という論理が出てくるのですが、そういう声が通っていくところに、やはり私たちの国の「突き進むためには非能率的なことは切り捨てる」という性格が内在していると思います。

だからこそ、今回の安倍内閣が何か変な方向へとこれからの一四年間を突き進む始まりになってほしくないと私は心底から思っています。ひとたび走り出すと、市民的権利などは脇《わき》において、経済大国になろう、戦争に勝とうというように、われわれはなりがちなのですから。

日本において歴史の継承はほとんど行われていない

ここで、三つめの歴史の継承ということについて話していこうと思います。

今、一九七〇年代から八〇年代生まれ、つまり三〇代から四〇代の著者が第二次世界大戦や二〇世紀という時代について分析する本を書くという現象が世界的に起きています。彼らに特徴的なのは、それまでタブーとされてきたことをきちんと論証し、明らかにしていることです。これらの著書を読むと、若い世代が今までと違う歴史観を持ちつつあるということがわかります。

彼ら若い世代の歴史理解は大体が史実を元にしたもので、なるほど、と納得させられますし、彼らの新鮮な視点によって歴史の解釈に膨らみが出てきます。そうした新しい発想自体は歓迎すべきものですが、それを歴史修正主義者が利用しようとすることは厳しく見守ってゆく必要があります。歴史を継承するということは、建設的問題点の幅を広げてくる人に対して許容量を持つこと、そしてそれを悪用しないことです。そして、その許容量の中で、私たちの解釈や視点について、改めて謙虚に向き合っていかなければなりません。

その意味で、日本において歴史の健全な継承というものは、ほとんど行われてこなかったように思われます。言葉は悪いですが、そのとき、そのときのご都合主義的な解釈で歴史がとらえられてきたと言えるでしょう。

たとえば、「戦争のことを語り継ぎましょう」と言うけれど、一九五二年四月に日本が独立を回復してから、戦争についてさまざまな本が出版されましたが、それらの本を一冊読んだだけでは戦争を語り継ぐ知識を得られるとは思えません。なぜなら、戦後六八年のあいだに出版された戦争に関する本のほとんどは、実際の戦場体験を持っていない、つまり作戦を立て、指揮をとった佐官クラス以上の将校や参謀によって書かれたものが多いからです。

彼らは師団本部や大本営にいて、「三個師団を満州からフィリピンへ持っていけ」「制海権は日本にはもうないけれど、三隻運べば一隻は着くだろう」というように計画を立てていたわけです。ひとつの師団に属する兵隊は一万数千人ですから、三隻の内の二隻が沈められてしまうのであれば、二万何千人が死ぬことになるのです。しかも、残る一隻が無事に着くかどうかもわかりません。それでも命令を出す側は「ああ、失敗した」で終わるだけです。戦争というのは、そういったある種のシステムの中で行われる、人の命のやりとりなのです。

たとえば、「地球の裏側まで行くことを厭わない」という人は、自分の子どもや自分自身はけっしてそこへ行くつもりがありません。彼らは、自分たちが行かなくてすむしくみをつくるからです。これまでの戦争でも、軍事指導者たちの息子はほとんど死んでいません。

国の主要な務めは、国民の生命と財産を守るということです。戦争中はそれを放棄して、国民には生命も財産も全部国に提供しろ、というのは、自分たちの政治の失敗を隠蔽《いんぺい》するためです。しかも、提供しろと命じる国家の指導者たちは自分たちの生命も財産も提供しない。そういうメカニズムを、私たちはきちんと理解しないといけません。

戦争は政治の失敗によって起こる

戦争というものは、政治の失敗によって起こるのですから、私たちはそうならないよう政治を見守っていく必要があります。これは、肝に銘じなければいけません。

太平洋戦争のときの戦時下日本の機構は、軍事の下に政治があるという、とんでもないものでした。政治家は情報も知らされていないし、作戦について意見を言おうものならば「統帥権干犯だ」と抑えつけられる。軍人たちがすべて決めていて、国会など、あってなきがごとしの状態でした。だから、軍人のメンツのために、戦争が三年八ヵ月も続いてしまったのです。

政治が失敗すれば必ず軍事が出てくる、そしてひとたび軍事が動き出すと、軍事が政治をコントロールしていく。そして、軍事は軍人が動かす組織で、そこでは戦うということのみが命令であって、戦争を終えろ、という意見を聞くことができません。民主主義国はともかく、軍事政権ができたところは、皆、同じように戦争を無為に長引かせていきます。

私たちは戦争について語るとき、この太平洋戦争の教訓を理解する必要があります。安倍内閣が怖いのは、安倍さんがこうした政治と軍事のメカニズムについて充分説明しないことです。安倍さんは憲法を変える、集団的自衛権を持つと言うけれど、それはいずれも戦争に近づくことで、それを口にするということは、あなたは自分の政治が失敗するのを想定しながら政治を進めているのですか、と私は言いたいですね。

おそらく彼は、「いや、それは違う。独立国家として、軍事というのは不可避のことだ」というような反論をしてくるでしょう。しかし、歴史を見れば、戦争というのは政治が失敗するから起こるということは明らかです。もし、安倍さんが自分は政治をけっして失敗させないという自信があるなら、軍事に対して一生懸命になる必要などないのです。

戦争が政治の失敗だという視点を持っていなければ、軍事は国家的威信の源だとして、中国や韓国をやっつけろみたいな、かなり危うい論理が出てくるでしょう。私たちは、戦争を起こさないために政治を失敗しないでくれ、ということを強く主張する必要があると思います。

ほんとうの戦争を知る人びとの証言の重み

戦争について理解しなければならないのは、大多数の一般人、つまり戦争が起こったらほんとうに悲惨な目にあう立場の人間です。最近、『はだしのゲン』の描写が残酷だから子どもに読ませるべきではない、というので、学校図書館におくべきでないという騒ぎがありましたが、自分も『はだしのゲン』のような状況になる立場だと思わない人、つまり社会のある種の権益を持っている人が「読むな」と言うのでしょうね。原則論はさておき、私はその点が問題だと思います。

人の命を奪うことが正義という非日常のモラルの中で実際に戦闘を行った下級兵たちがやっと体験を告白し、本を書き始めたのは、ごく最近のことです。私はこういう仕事をしているので、彼らの証言に接する機会が多いのですが、先日も講演先に杖をつきながら九

○代の男性が訪ねてきて「自分はもう余命幾ばくもないから、どうしてもあなたに話をしたい」と、人払いをした上で、戦争中の話をしてくれました。

その人は学生時代に徴用され、特攻機の整備士をしていたそうです。彼の体験では、特攻隊の学徒兵たちは誰ひとり、喜んではちまきを締めて「行ってきます」と旅立った者はいなかった。泣いたり、失禁したり、失神したり、腰が抜けて立てなくなっている彼らを自分は飛行機に乗せ、そして彼らは反射的に操縦桿《そうじゅうかん》を動かして飛んでいった。特攻隊というのは、敵に突っ込むことだけを習う部隊で、知覧《ちらん》の基地から飛び立って、おそらく鹿児島を出たというあたりで海に沈んだと思う。「自分はそういう人を五人乗せました」と、その人は言うのです。「今まで生きてきて、苦しくて、苦しくてしょうがない。私が彼らを殺した。この苦しみをずっと抱えてきて、もう耐えられない」という言葉を、その人は私に託していきました。その人もですが、戦争中に自分がなしたことを明らかにすれば家族が悲しむから体験は話しても名前はけっして言わない、と、ひとりで苦しみを抱えて生きている人が少なくありません。

こうした人びとの話を聞くと、「特攻兵は国のために死んだんだ。彼らがいるから今の日本がある」なんて言って勇んでいる人たちがいますが、それは違うだろう、と思います。

みんな死にたくて死んだのではないのです。二十二、三歳の若さで「海軍のバカヤロー」と言って死んでいった者もいます。そうした記録はわずかに残っていますが、そのほとんどは「部外秘」扱いにされ、さらには命令によって燃やされてしまったわけです。

ほんとうのことを知らせない、というのは、日清・日露戦争のときもありました。これらの戦争もかなり悲惨なものでしたが、兵士たちは「帰ったら、けっして悲惨な話をしてはいけない。手柄話や自慢話だけをしろ」と命令されました。それでお父さんは息子に手柄話はするけれども、どんな戦争だったかは語らない。けれども、自分の体験を書き残した老人の日記などには、家族に語れなかったことが記録されていたりします。

そういうふうに、わずかながら残っている資料を精力的に探し出し、きちんと記録し、記憶していく。そして、それを教訓としていくということをやらなければ、人びとは戦争というものを何かかっこいいものだととらえてしまうでしょう。それは間違っているということを、私たちは歴史の中から学んでいかなければなりません。

歴史というものは、結局は戦争のシステムとその内実を想像する力がある人が誠実に根気よく語り継いでいかなければなりません。今こそ、私たちはその力を持つことが大切だと思います。

【Q&A】

なぜ「侵略」という言葉が問題になるのか

Q　村山富市氏までの日本の歴代の首相は、積極的に、日本が侵略戦争を行ったことを認めていません。その理由についてのお考えをお聞かせください。

保阪　侵略か否かというのが政治的キーワードで、それ自体が論争になるということが問題ですが、それはともかく史実として見ていくならば、日本が行ったことは侵略です。

東京裁判で、蔣介石《しょうかいせき》の国民政府は、日本が中国を侵略したことを示す三六項目でしたか、それを提出するのですが、裁判長に却下されました。それは「侵略というのはすでに定義されている」という理由からで、日本が中国を侵略したのは当たり前である、という前提で裁判は進んだわけです。

私は中国人と共同研究を行ったこともありますが、彼らは「パスポートなしに、鉄砲を担いで入ってきたら、それは侵略だよ」と、わかりやすい表現をします。私も、日本が中国や東南アジアになしたことはもちろん侵略だと思っていますが、侵略であるかないかという結論を言うよりも、日本がこういうことをやった、ああいうことをやったという事実の確認の方が大事だと考えています。

私は、東京裁判の資料のほとんどを、先ほどのように却下されたものも含めて見たことがありますが、そのなかに、一九四二年初めに日本の参謀本部がつくった世界支配の計画書がありました。どんなものかというと、北米とアフリカ、ヨーロッパはドイツが、それ以外は日本が支配するという世界地図です。台湾や朝鮮にあったような総督府をホンジュラスやコスタリカ、ブラジルなどにつくって、それらの国々が独立を要求するときには、日本の国益を侵さないかぎり、独立へ誘導させる、と彼らは考えていたのです。これは実際に、インドでボースに対してとった態度ですね。

ちなみに、この計画書は、東京裁判で却下されました。こんな資料は論じるに値しない、つまり誇大妄想だとみなされたのです。こうした妄想にも似たようなプログラムを平然とつくっていたわけですから、つくった軍人たちはそれが侵略だとは考えていないわけです。八紘一宇《はっこういちう》の精神、つまり天皇のみ心を世界に広めるのだと思っていた。

しかし、日本が侵略したとかしないとかという政治的キーワードについて、なぜ敏感になるのでしょうか。侵略したかどうかは、私たちが決めることではなく、基本的には、相手方が「われわれは侵略された」と言ったら、それは侵略でしょう。

ご質問にあったように、日本の首相が、かつて私たちの国が侵略を行ったと言わないのは、たとえば遺族会などからの票が欲しいということもあるでしょう。けれども、相手の国から「侵略した」と言われたら、「そうです」と答えればいいのに、どうしてそれが言えないのでしょうか。

ボースのようなケースは別として、相手方の政府から「助けてください、われわれを援助してください」と頼まれてもいないのに入っていって、それで「侵略じゃない」と言うこの曖昧さが、戦後日本の信用をある意味では失墜させることにもなっていると私は思います。

安倍首相とはどんなタイプの指導者なのか

Q　安倍首相のことをどういう指導者だと思いますか。もし歴史上の人物にあてはめるとしたら、どのような指導者のタイプと言えるのでしょうか。

保阪　まず、私は安倍さんを批判的に見る立場にいます。彼の書いたものを読むと、ふたつの危険性を持っていると思うからです。

ひとつは、母方の祖父、岸信介に対する過剰な思い入れです。六〇年安保に際し、岸信介は、議会の強行採決をはじめ戦前と同じタイプの議会運営をしようとして国民の反発を受け、孤立していくわけです。それを安倍さんは、「みんながあれだけ反対するときに、信念を曲げずに我が道を行った」という形で評価している。この評価基準のズレに私は疑問を持ちます。

ふたつめは、安倍さんは「美しい国」「強い日本」というような言葉が好きですが、こういう曖昧な言葉だけの原則論を言って、それに酔っているような人は、皆さんの周りにもいると思います。こういう人たちに共通しているのは、きれいな形容詞を使うことによって、何か自分の存在というものをわからせたようなつもりになっている浅薄さです。ほんとうなら、何か言葉を発するときには、その言葉が出てくるだけの知識や思考があるからそのプロセスがわかるわけですが、形容詞に酔う人は本を読んで体系立てて知識を組み立てたことがなく、語る言葉の後ろに立論のプロセスがないのですね。

この立論のプロセスがあれば、議論の余地も出てきて、たとえば、「『美しい国』と言っているが、賀茂真淵《かものまぶち》の著作にふれれば、むしろ『誠実な日本』という表現がいいのではないか」というような議論が成り立つのですが、安倍さんの「美しい国」にはこのプロセスが感じられません。安倍さんが国民をなめているというか、国民自身がそういった浅い言葉に対して鈍感になってしまっているのが現状ではないでしょうか。

若い世代が歴史修正主義に傾いている状況をどう考えるか

Q　多くの若い世代が、威勢のいい歴史修正主義に共鳴し、支持していますが、彼らが経済的に不遇であるという不満からそうした考え方に走っているという分析は違うように感じます。貧しさを背景にドイツ国民がナチスを支持したのとは逆に、彼らは脳内妄想を膨らませるなかで現実からどんどん遊離して、国家との精神的な結びつきを強めていっているように見えます。現実をみつめる姿勢がないところに歴史の証言を聞かせても、自分のものとして受け入れることは難しいのではないでしょうか。

保阪　おっしゃることはよくわかります。私はこのことについて詳しいわけではありませんが、しかし若い世代が歴史修正主義的なものに惹《ひ》かれていく大きな原因はやはり、彼らの経済的に不安定な境遇にも原因があるのではと思います。

よく言われることですが、今、日本では非正規雇用の人が四割近くに達しています。そうした立場におかれた人びとは、むろんすべてというわけではありませんが、将来の見通しも立たず、経済的に孤立するだけではなく、家庭というものを持てず、社会的にも孤立してしまいがちです。たとえば、三〇代、四〇代になっても非正規で働いていれば、安定した職場も、家庭も、属すべき地域もないわけです。本来、人間は、こうした小規模な共同体に属しながら、その果てにある国家という、より大きな共同体を意識するのですが、彼らはその部分がないがゆえに、いきなり、直接国家を意識し、結びついてしまいます。だから、彼らは何かあるとすぐに「なんで俺たちの国をバカにするんだ、ふざけんじゃねえ」みたいな気持ちを抱くわけです。共同体の中でひとつの生き方というものを学ばずに、野放図にこういう感情が放たれてしまうという今の日本の現状は危惧《きぐ》すべきだと思います。

また、共同体に属せない層が増えているということ自体に、今の日本社会が抱えている怖さがあると思います。これは私的意見ですが、もし自衛隊が彼らの受け皿になっていくとしたら、ある種の社会的勢力が生まれる可能性も出てくるでしょう。

今の日本の社会の構図を知り、そのうえで、そうした若い世代の歴史修正主義への共感を現実に断ち切れないのであればどうするか、さしあたりそれを模索していくしかないと思います。

今のジャーナリズムが抱える課題について

Q　戦前の軍部の暴走をバックアップしたのは、当時のジャーナリズムだったと思います。そうした反省の立場に立って、今の日本のジャーナリズムについて、どうお考えでしょうか。

保阪　日本のジャーナリズムのしくみというのは、いわば企業ジャーナリストです。そのよし悪しはさておき、彼ら企業ジャーナリストの最大公約数にあるのは、「自分たちが死んでも言論の自由を守る」という矜持《きょうじ》であるべきだと思います。市民の知る権利を委託されているために自分たちは新聞社にいるのだ、という自覚は、記事を書く記者たちだけではなく、営業や販売、広告の人たちも持つべきでしょうね。

これからの時代は、言論の自由といったら、「書く・話す・本を出す」ということの自由ではありません。たとえば、国道が傷むから午前二時から六時までのあいだ、大型トラックが走るのはやめましょう、という主張があったとします。そのときに、「いや、その時間に新聞社は新聞を運ぶし、雑誌社は雑誌を運ぶのだから、妨害しないでくれ」と言っても、「道路の維持にはコストがかかる」とか「熱帯雨林を守るために紙を節約しましょう」などと環境問題と絡ませたりするとかして、言論を弾圧していくのではないかと私は思います。記者が記事を書く自由は保障されるといっても、その書いたものが流通に乗らない、売ることができないという、そういう抑圧の仕方です。

記者が記事を書き、それが新聞に載るという形だけでなく、その新聞の存在自体を保障し、流通・販売を保障するということができない社会なら、市民の知る権利や言論の自由はいかようにも潰されてしまうでしょう。ですから、そういう事態に陥ったときに、自分たちがどのように対抗できるのかということを日ごろから考える必要があります。メディアというものは、私たちの市民的権利が保障されているなかで存在している、だからメディアで働く人びとも市民的権利を代行しているという、強い自覚を持ってほしいと思います。少々きれいごとかもしれませんが、それが連帯、連携というものではないでしょうか。

自虐史観という言葉に対抗するには

Q　歴史修正主義者たちは、自虐史観という言葉を使いますが、こうした戦後を否定するような考え方についてどう思われますか。

保阪　自虐史観という言葉に対して、私は自省史観という言葉を使っています。誰でも、自分自身のことを反省することはあると思いますが、来し方の自分を省みてやはりここは反省しなければならないという歴史観が自省史観です。

もちろんそこには、国家主義的な、この国がすべて正しい、というような意味はまったくありませんし、逆にすべて悪かったとも思いません。昭和一〇年代に日本の軍部は愚かなことをくり返したわけですが、しかし軍人の中には、文民支配でなければいけないと考えた人もいましたし、国民を戦争で死なせてはいけないと説く軍人もいました。

問題は、どうしてそういう人たちが指導部に入れなかったのか、ということで、これは組織論になります。日本の組織のつくり方のどこがいけなかったのか、ということを突き詰めていくと、天皇制に行きつくわけですが、天皇が国の主権者であり、その大権を付与された者が権力を自在にふるうという制度は、やはり無理があるし、また天皇のためにもよくないということが議論されることにもなります。

こうした共通の史実を基盤にした議論のプロセスの中で、解釈は右翼的になったり左翼的になったりするけれども、議論の中で了解できることも出てきます。そうやって長年かけて積み重ねられていったものを、自虐史観などと言われる筋合いはありません。自虐史観という言葉に気を遣う必要はないと私は思います。

「日本を取り戻す」という言葉で取り戻されるべきものは何を意味するのか

Q　安倍首相は「日本を取り戻す」と言うなかで伝統文化を強調していますが、そこで取り戻したいと思われている伝統文化とは、いったい何なのでしょうか。

保阪　「伝統」と言うとき、二六〇年のあいだ、戦争をやっていなかった江戸時代、日本人はどのような国民性を持っていたのか、というところまでさかのぼって考える必要があると思います。江戸時代は封建社会という一面もありましたが、江戸時代の農村共同体が持っていた自然観や死生観は、昭和初期までかなりの程度残っていました。そこには、明治政府が強権的に行った軍事指導体制のものとは反するものが数多くあります。

一八九四年から九五年にかけて、多くの兵隊が日清戦争へ送られました。釜山《プサン》で降りて、朝鮮半島に上陸したある部隊は、ほとんど田舎からやってきた農民だったのですが、戦闘がないとき、彼らは現地の朝鮮の農民の畑に行って、農作業を手伝ったりもしています。それぐらい牧歌的だったのが、戦争を重ねるうちに、そうした純朴さが失われていきます。軍隊のそういうプロセスを見ると、日本の中に持っていた共同体のさまざまな伝承が明治政府によって抑圧され、改変され、強圧され、そして変容していったということが言えるでしょう。

剣道や柔道といったものは元々は殺傷のためのものだったわけですが、戦争がない時代が続いた結果、武士はあらゆることを儀式化し、道という言葉をつけて、その道を極めようとしました。こうした私たちの伝統や文化というものを、改めて私たちの生活の中に根づかせなければいけないと思います。これは何も懐古主義的とか復古主義的という意味ではなく、私たちが持っていたものが明治維新の軍事指導体制の中で歪《ゆが》んだのならば、それを修正するのは、もう一度、江戸時代の私たちの父祖の共同体に伝承していたよきものを見直し継いでいくという考え方ではないでしょうか。

安倍さんの「日本を取り戻す」は、明治期からの軍事主導体制を指すのかなと私は思っているのですが……。

第四回　世界経済と日本

金子　勝

〔かねこ・まさる〕

慶應義塾大学経済学部教授。一九五二年、東京都生まれ。東京大学大学院経済学研究科博士課程修了。専門は制度経済学、財政学、地方財政論。著書に『失われた30年――逆転への最後の提言』（共著）『「脱原発」成長論――新しい産業革命へ』『新・反グローバリズム――金融資本主義を超えて』など。

（講義日　二〇一三年一一月二六日）

【講演】

国民国家の時代

経済がグローバル化するなかで、今、何を共有して、何を私有にするか、「共」と「私」の境界の見直しが、技術的な変化や、産業の変化で起きています。

TPP（環太平洋パートナーシップ）の交渉で知的所有権が問題になっていますが、この知的所有権、特許権（著作権）をどう考えるかということも問題になります。特許権をある程度認めないと、イノベーションは起きないのですが、特許権を強固に期間を長く設定すると、かえって、またイノベーションが起きない。では、どこに境界をおくべきか。そういう境界領域がグローバル化する世界で非常に大きなポイントになってきています。

まず、グローバリゼーションとは何だろうか、今日のグローバリゼーションに至るまで、歴史的にどういうことが進んできたのかということからお話しします。

資本主義経済が成立するときには国民国家（主権国家）が必要になります。歴史的に言うと、軍事力と課税権が国家主権を基礎づけるという説明があります。ムチャな宗教戦争その他がずっと続いているなかで、軍事費を土地貴族に課税してきました。それに対して、議会の協賛が得られないと課税は認められないという形で、初めて近代国家の中で課税権が正当化されて、確立されてきたわけです。

ある一国の経済を構成するには、実は軍事力と課税権だけではなく、同じ言語を使って商取引をするということが必要になってきます。さらに所有権を保障し、商法その他の一定の法律が存在し、それを履行するパワーがないと、その国はひとつの国民経済を形成することができない。そういう諸々《もろもろ》のものが、どうしても国民国家という形で必要になってくる。

しかし、過去の歴史を見ていくと、主権国家は成立すると同時に膨張の歴史を繰り返しています。国内で不況になると膨張の圧力が絶えず出てきます。一九世紀の半ばまで、イギリスは不況のたびに、インドルートに沿って戦争を繰り返しました。一八七〇年代後半ぐらいから第一次世界大戦前後まで、複数の国民国家が成立して衝突します。あるいは一九三〇年代の大恐慌の後も、経済が停滞している時期は、膨張国家同士がぶつかり合った。それは、支配―被支配という関係をはらむので「帝国主義」時代と呼ばれましたが、さしあたりそうした概念なしに説明することは可能です。

白人世界の国民国家が膨張しようとすると、その反射として、植民地の側に国民国家ができ始めます。さらに第二次世界大戦後、いわゆる白人世界を超えたところで主権国家が認められてくると、帝国主義と呼ばれた国家同士の植民地争奪戦とか、第一次世界大戦や第二次世界大戦のような先進国同士の激しい総力戦は、たぶんなくなっていく。核兵器は世界の破滅を招く水準に達していますから、自制する動きも出てくるからです。

そうすると、戦争もまったく新しい時代に入っていく。国境のない対テロ戦争というのは、ジョージ・W・ブッシュが始めましたが、新しい戦争の形態です。グローバリゼーションと非常に似ていて、国民国家同士が対立するわけではなくて、国家が溶解した地域で、テロリストと呼ばれるものが、国内にも国外にも常にいて、アメリカはそれと対抗する。そういう不思議な戦争の時代に、入ってきているのが現代です。

市場は〈制度の束〉である

グローバリゼーションについては、資本が国境を飛び越えて頻繁に動くようになって国民国家の意味がなくなるという説明がありますが、それでは表面的です。

もう少し定義をはっきりさせましょう。一国の経済が成り立つときに、言語、軍事力、課税権、法律の体系が国民国家を構成していた。市場はそうした制度が束になってできている。アメリカを含めた強国が、こういう諸々の制度を外へ押しつけるのがグローバリゼーションだと考えられます。

普通、市場というのは、貨幣（あるいは価格メカニズム）を媒介にしてモノが交換されていくしくみだと考えられています。一般的に考えられている市場モデルの世界ですが、私は普通の経済学者が考えることとまったく違って、きわめて変わった市場観を持っています。それは進化論的な観点に基づいています。

進化論というと社会ダーウィニズムみたいに、強いものが弱肉強食で勝つという考え方もありますが、実はダーウィンは必ずしもそんなことを言っていない。同じ種の中で一番強いものが生き残ると言っているのではなくて、種全体が環境変化に対して、どう適応していくかということを強調しているんだという解釈があります。

たとえば、人間はより高い温度、より低い温度の両方で生活できれば、それだけ生存の可能性が高まるわけです。いろいろな環境変化に対して適応能力を高めようとする。そういう形で実は進化をしています。つまり形状がある程度一定してくると、体の中の環境変化に対する調節制御のしくみが進化していくという考え方です。

市場は、昔の露天でやっていた素朴な市場《いちば》にもいろいろなしきたりやルールがありました。それが現代になると、どんどん複雑になってきて、環境に適応して市場を調節制御するしくみがたくさん埋め込まれてきます。そういう変化の歴史、進化の歴史を踏まえると、「市場は〈制度の束〉であり、その調節制御による多重なフィードバックで維持されている」と言えるのです（児玉龍彦氏との共著『逆システム学――市場と生命のしくみを解き明かす』岩波新書）。

新自由主義イデオロギーの嘘

国民国家の経済がある程度発展してきて競争上優位に立ってくると、強者の論理として、市場に任せるのが一番だというロジックを使い始める。一九世紀には自由貿易主義がそれにあたりますが、現代ではさらに「新自由主義」という形になります。新自由主義を批判する論者の多くは、それを単純な市場万能主義だととらえる傾向にあります。私は必ずしもそういうとらえ方はしていない。市場万能主義はあくまでイデオロギーであって、実態はアメリカ型の市場をつくっている「制度の束」を、ほかの国の「制度の束」を無視して押しつける、そういう現象です。

たとえば、今、アメリカの通商代表部（ＵＳＴＲ）が、すべて市場でやればうまくいくんだというのは、口先だけのイデオロギーです。アメリカではうまくいっているのだから、おまえの国もそうすることによってよくなるはずだと言うけれども、その実アメリカは日本に対して、保険市場を割り当てろとか、自動車も輸入割り当てをしろとか、聞いてみれば、市場の論理とはまったく逆の要求をしてくる。

後発国は政府や自治体とか、いろいろな政策の助けを借りないと先発の先進国の産業に追いつかない。日本が高度成長期にキャッチアップしたときも、半導体で追いついたときも、日の丸半導体と言われたように、猛烈に国家戦略で育てたから、ある程度キャッチアップしたわけです。

規制緩和してベンチャー企業を立ち上げれば、すぐにうまくいくなんて、そんなうまい話はない。雇用を緩めて、みんなが一生懸命、急《せ》き立てられるように働けば、必ずイノベーションが生まれて、新しい産業も生まれてくるはずだというのは、一種のイデオロギー的な呪文《じゅもん》です。科学的な証明はいっさいない。

今、インターネットや、スーパーコンピュータでアメリカが世界一ですが、それは一九九〇年代に、情報スーパーハイウェイ構想という国家戦略があったし、軍隊が先行してITに投資をして、軍で確立された技術になった時点で民間に開放していったからです。実はほとんど初期投資のリスクは軍隊が負い、国家戦略が後押しし、あるいはタニマチのような金持ちが、証券市場をバックにベンチャー企業に投資するしくみがある。社会的システムとして、そういうものができているのです。

そういうふうに考えていくと、市場に任せろと言うけれども、現実的にはそうなっていない。イデオロギーとして、強者の論理としては、相手国に対して市場に任せろという論理を押しつけることによって、先行している側の優位を確保するわけです。

これがまず新自由主義イデオロギーの第一の嘘《うそ》なんです。

グローバリゼーションとは何か

もうひとつの嘘は、市場的なものについて、これが万能だ、普遍的なモデルだと言ってみせることです。そのイデオロギー性です。前にも述べたように、実はアメリカ型市場にはアメリカ的なさまざまな調節制御のしくみがくっついて、制度ができているという面をすべて捨象するわけです。

アメリカのようにすれば市場的な効率性がよくなるんだと言って、その部分だけ抜き出して正当化し、「アメリカの制度を入れろ。アメリカはこうなっているんだ」と、制度を強制していくとどうなるか。

生命体は多重なフィードバックで維持されています。たとえばコレステロール値は、血糖値や血圧や、いろいろな条件が重なり合って決まってくる。その一ヵ所だけを抜き出して、コントロールしようとしても、ほかの部分が考慮されていないと、副作用がたちまち出てダメになってしまう。

だからＩＭＦ（国際通貨基金）や世界銀行が、構造調整政策という形で、途上国に強制した「構造改革」が常に失敗するのは当たり前なんです。多重な調節制御のしくみを、すべて捨象して、単純な市場モデルをあてはめても、うまくいかないのです。

つまり新自由主義は、実は市場を強制しているのではなくて、アメリカの企業が都合よく動けるように、アメリカ的な「制度の束」を押しつけようとしているのです。この面を見ないで、市場万能主義だと言っているだけでは、ほんとうの意味があばかれない。

国民国家同士が軍事的に衝突する時代はある意味でもう終わりつつあります。少なくとも先進国同士が互いに戦争を仕掛けるということは不可能になりつつある。そういうなかで新たな国民国家同士の「戦争」のひとつとして、グローバルな制度やルールをめぐる選択の問題で、強い国が相手国に対して、自国のルールを押しつけていくということが起きる。

つまり国民国家が成立したとき、その国の中で資本主義的な経済がうまく回るように市場を調節制御する制度を、どんどん都合がいいように外に押しつけ始める。現代で言えば、米国は会計制度や金融規制や知的所有権のあり方を「グローバルスタンダード」と称して他国に導入させようとします。だから、領土の獲得ではないけれども、結果的に制度やルールを相手国に強制することによって、自国の国民国家、主権国家の枠組みとして歴史的に形成されてきた「制度の束」を、相手国の歴史的文脈を無視して浸透させていこうとします。そのことによって、相手国の市場を確保しようとする。特に金融や情報の世界では、OS（オペレーティング・システム）を握った者が一人勝ちしますので、こうした制度やルールを握る政策が重要性を持ってきます。

実はこれが、グローバリゼーションのほんとうの意味です。

「非線形」的な資本主義の歴史

しかし、これまで述べてきたように、市場は制度の束で、多重な調節制御のしくみからできています。それを無視して、部品だけを入れようとしても、必ず多重なフィードバックのしくみのどこかが壊れてしまうので、副作用が出てきて、うまくいかなくなります。

これまでマルクス経済学者を中心に、自由主義段階、帝国主義段階、国家独占資本主義段階といった名前を付けて、資本主義の歴史を段階区分してきました。歴史学者のあいだでは「帝国」という概念で現代のアメリカ中心の体制をとらえようとする傾向も出ています。けれども、私はそういう区別は必ずしも必要ないと考えています。

自然科学では急激に変わることを、非線形的な変化と言います。鉄の棒がグーッと曲がるところまでは方程式化できるけれども、最後にポキッと折れる瞬間は方程式化できません。方程式化できない非線形的な変化が起きるたびに、制度やルールがリセットされていく。資本主義もそういう歴史をたどってきています。

こういう非線形的な変化は、大不況と呼ばれる一八七〇年代から第一次大戦、それから大恐慌、第二次大戦、石油ショック、そしてリーマンショック以降と起きてきました。そういう大きな転換期で資本主義の「進化」を見ていくと、環境変化において少しずつ微調整しながら、システムを維持していくけれども、そのシステムはどこかで行き詰まって、またガクンと大きな非線形的な変化を起こしていることがわかります。

そういう断続的な歴史として、現代の資本主義を考えたとき、リーマンショックに前後する時期は、ひとつの大きな転換期にあたっています。今までグローバリゼーションという形で、アメリカ主導で押しつけられてきたやり方も限界に達してきている。何が限界で、何が問われなければいけないのか。そこで新しい社会の展望、特にインターネットと金融の特性の果たす役割を考えたいというのが、今の私の問題意識なんです。

アメリカのIT戦略は何だったのか

アメリカが金融と情報を軸にして、取りあえずの復活を遂げたことに大きく貢献したのは、実はレーガン政権の規制緩和よりも、一九九〇年代の民主党のクリントン政権です。

それまで民主党は製造業を基盤にした政策をとっていたのを、このとき、ゴールドマン・サックスの共同会長だったルービンを財務長官にして、一気に金融自由化路線に走りました。金融の証券と銀行の垣根も取り払うし、大恐慌でできた金利の上限規制も取っ払っていった。それの行きつく先がリーマンショックでした。

インターネットに関してはご存じのように一九九〇年代前半、ゴア副大統領を軸にして、ビル・ゲイツら民間のＩＴ関係の企業経営者たちをどんどん組み入れて、アメリカはＩＴ戦略を立てた。日本では公共事業的な光ファイバーにしか目を向けなかったわけですが、実はこのときは、スーパーコンピュータがベクター型からスカラー型に大きく変わった時期でした。日本は小泉純一郎政権期になってもまだベクター型にお金を注ぎ込んでいたけれども、そのころはベクター型のスパコンを追求しているのは日本だけでした。コンピュータを動かすマイクロプロセッサーが非常に発達をして、スカラー型スパコンは大容量化し、高速化し、小型化しました。

この転換が九〇年代に一気に起きた。そこでアマゾンとか、グーグルとか、そういう企業がビッグデータを背景にした市場支配を始めるわけです。日本はそれに決定的に乗り遅れたわけです（研究機関レベルではだいぶ追いついてきましたが、民間企業レベルではアメリカが圧倒的です）。

「バブル循環」が世界経済を動かす

金融と情報を軸にしてアメリカが復活する戦略、これがグローバリゼーションと言われるものの、産業的実態の中心でした。そこで何が起きたかという話をしながら、日本が今、どういう状態に陥っているかを見ていきましょう。

この間、また株価が上がってきていますが、好況になったり不況になったりを繰り返す現象を景気循環と言います。所得、生産、設備投資、失業率、金利、物価といった指標をとると、一〇年おきに景気がよくなったり悪くなったりする傾向は、あまり変わっていません。

一九七〇年代にドルと金の交換が停止されて、一ドル＝三六〇円の固定レートで取引されていたのが、固定レートが外されて、変動相場に変わりました。カネ同士の交換でカネの価値を決める究極の資本主義世界になった。

アメリカが金との交換を停止したら、貨幣は実体経済とのつながりを完全に失って、「紙幣本位制」とでも言うべき通貨制度になります。中央銀行は、通貨の信用を失わないかぎり、基本的にはいくらでもお金を出し続けることができるようになります。しかも金融自由化によって、さまざまな金融商品が生み出されます。先進国全体の潜在成長率は中長期的に落ちていますから、お金だけが溢《あふ》れてくるようになる。それでも不況になるたびに、常に金融緩和が行われる。

今もそうです。黒田東彦《はるひこ》日銀総裁はマネタリーベースを倍にするといって、一一〇兆円ぐらいのお金が、日銀の当座預金残高として積み上がった状態になっています。お金の行き先がなくても、別に実体経済がどうであれ、ストーリーをつくって、株とか不動産にお金を流し込んで、不動産や株の価格をつり上げ、景気を引っ張るようにするわけです。

資本主義は一九八〇年代、九〇年代、二〇〇〇年代と、アメリカのグローバル化で、大きく変わりました。景気循環の中身が大きく転換したのです。僕は、それを「バブル循環」という呼び方をしてきました。八〇年代は不動産バブル。日本でも土地バブルが起きた。九〇年代はITバブル、株バブルです。それから二〇〇〇年代は住宅バブルが起きるわけです。

アメリカの金融バブルで景気がよくなって、バブルが崩壊して景気が悪くなるという、この循環の繰り返しが世界経済を主導するようになります。日本はアメリカに追随して、金融自由化をしたので、ほとんどアメリカの株価の動きにつられて動くわけです。

株価と内閣支持率は連動する

もうひとつ、おもしろいデータがあって、ＮＨＫ放送文化研究所の内閣支持率・不支持率のデータを日経平均株価の推移と比較すると、内閣支持率の変化が株価の変動でほとんど説明できます。この国の政治は、いわば「株屋政治」のようになったんです。それが顕著になるのは九〇年代末ごろからです。首相が橋本龍太郎《りゅうたろう》さんのとき、一九九七年一一月に三洋証券・北海道拓殖銀行・山一證券が潰《つぶ》れて、株価が大幅に落ちると、橋本内閣の支持率はどんどん落ちていきました。

小渕恵三《おぶちけいぞう》内閣に替わっても株価が落ちている状態でした。それに小渕さんは「凡人」とあだ名されたほど地味な人でしたから、株価が落ちているときには人気が高まらない。そのため、政権発足当初から不支持率のほうが上回っていました。

覚えていませんか？　小渕さんが「株、上がれ」と言って野菜のカブを持ち上げてみせたエピソードがありました。あれは、総理大臣が株価を気にしていて、株価が上がると自分の支持率も上がるというのを、明確に表明した歴史的証言だったのです。そして、遅ればせながらＩＴバブルに乗っかって株価が上がり出すと、なんとほんとうに小渕政権の支持率も上がってきたのです。

その小渕さんが病に倒れて、森喜朗《よしろう》さんが首相になったら、ＩＴバブルが崩壊し、株価は急激に落ちました。そうすると、メディアは森さんを叩《たた》き出しました。ＩＴ革命をイット革命と言ったとか、「神の国」発言とか、滅茶苦茶に叩かれて、小泉純一郎さんが出てきました。

小泉さんが出てきたときも株価は落ちている状況でしたが、何せあのパフォーマンスですから政権発足時の支持率は非常に高かった。その小泉さんでさえ、株価が落ちている状況で、支持率五〇％台に落ちてしまいます。ところが、二〇〇〇年代半ばに、アメリカの住宅バブルに乗っかって株価が上がり出すと、日本の株価も上がって一万六〇〇〇円台に乗せて、小泉内閣は長期政権になった。それから安倍晋三《あべしんぞう》さんに替わるわけです。

安倍内閣に替わって、しばらくのあいだはよかったんですが、二〇〇七年の半ばぐらいに、ＢＮＰパリバ証券とベアー・スターンズの傘下のヘッジファンドが潰れて、住宅バブルの崩壊の兆候が見え出した。二〇〇七年末は、ＬＩＢＯＲ（ロンドン銀行間取引金利）で、国際的な銀行間金利が猛烈に跳ね上がってきました。これで住宅バブル崩壊は、もう間違いないという状況になるわけです。

日本のメディアはそういうことを伝えなかったけれども、僕はもう秒読みで待っていました。二〇〇八年七月に『閉塞《へいそく》経済　金融資本主義のゆくえ』（ちくま新書）を出し、同年九月には「世界は壊れそうだ」を雑誌「世界」での連載「グローバル・クライシス」の第四回として書きました。そして一〇月初めにアンドリュー・デウィット氏との共著『世界金融危機』（岩波ブックレット）を出しました。

一般に、経済学はまだ実体経済の景気循環でものを考えています。僕はそういう「常識」からずれていて、バブルの循環で経済が動いていると考えていけば、経済現象はよく見えると思っています。

ともあれ、株価が落ちて低迷すると、一年前後でほとんどの内閣が交代しています。交代した当初の内閣支持率はいいんですが、すぐに落ちる。だからまた首を挿《す》げ替えざるをえなくなる。安倍さんの後も福田康夫《やすお》さん、麻生《あそう》太郎さんと短命内閣が続きました。その後、政権交代が起きても、鳩山《はとやま》由紀夫さん、菅直人《かんなおと》さん、野田佳彦《よしひこ》さんと、みな一年前後しかもたなかった。

普通の不況は一、二年で回復しますが、リーマンショックは一〇〇年に一度の不況なので、いわゆる住宅バブルの崩壊が二〇〇七年末から始まったと考えると、五年超かかって底打ちして、今、経済指標がやや上向いてきたというところです。

今、株価を見ていると、日米の市場はほとんど連動して動いています。とりわけ日本の金融市場の主導権を握っているのが外国人投資家になり、今、アメリカの株価が上がると、それに連動して日本の株価も上がるようになっていき、それが日本の景気の動向にも大きな影響を与えるようになります。

ＦＲＢ（連邦準備銀行・アメリカの中央銀行）は猛烈に金融緩和をしているので、景気回復への期待から、ダウ平均株価は史上最高値を記録しました。これが実体経済を表しているのかと考えると、どう見ても上がり過ぎている。

ＦＲＢのバランスシートを見ると、資産は四兆ドルを超えています。想像できない金額です。しかも前に述べたように、アメリカの株が上がると、日本の株もつられて上がってきました。

だから、そういう意味で安倍さんはラッキーなんです。原発にしろ、ＴＰＰにしろ、特定秘密保護法にしろ公約を公然と破っても、株価が上がるからと多くの人が支持してくれます。

一方、株価が上がろうが下がろうが、株を持っていない人には関係ないから、そういう人たちには恩恵は及びませんが、彼らには景気回復への期待感を持たせます。

その結果、内閣支持率と金融資本主義的な意味での景気循環、バブルの循環が連動し始めてしまった。しかし、もっと大きな問題があります。それは先ほど言った、ルールの問題です。

見せかけの企業競争力

一九九九年から二〇〇一年に国際会計基準が入ってきました。それによって、どういうことが起きたか。それまでは企業が持っている金融資産とか不動産は帳簿上の価格で決算していたのが、時価会計主義の導入で、そのときの市場の価格で評価するように変わったわけです。

この国際会計基準に反対する経済学者、会計学者は少数しかいなかったのですが、ともあれ株価や不動産価格が企業決算を大きく左右するようになってきます。

たとえば、ある企業が株を一〇〇億円分持っていたのが値上がりして一二〇億円になったとします。国際会計基準を導入する前は、帳簿上の一〇〇億円で決算していました。値上がりした二〇億円は含み益で課税されません。これがバブルをつくり出したんだという転倒した批判がなされて、国際会計基準が導入され、帳簿価格から時価会計主義になります。つまり資産の時価が一二〇億円になったら、一二〇億円で決算をするようになったのです。そうすると、今度は本末転倒が起き始めます。

日本の企業は自動車を別にすれば、国際競争力の低下が著しい。特に電機産業は、サムスン、LGに追い上げられてしまいます。一方、スーパーコンピュータとかではアメリカに勝てなくなります。けれども、株価が上がれば、企業の持っている資産価格は上がるので、それだけで決算がよくなって、本業の悪いことが隠れてしまうわけです。

輸出企業にとっては円安も同じ効果を持ちます。同じ量しか輸出できなくても、一ドル＝九〇円なら、一ドル分輸出しても九〇円しか返ってこない。一ドル＝一〇〇円なら、一ドル分売れれば、値下げの必要がないなら一〇〇円返ってくるんですから、それだけで決算がよくなります。

だから金融を緩和してくれという要求が、経済界を中心に政権に対して常に加えられるようになります。そうすると、財政赤字を出して、国債を買って、お金をどんどん供給して、お金をだぶつかせる。株や不動産の価格が上がれば、内閣支持率を保つことができます。

銀行金利が非常に低く、年金給付も切り上げられていくので、一定の人々が、政府の「リスクをとって株に投資しろ」というかけ声のもとに、株式や投資信託を買うようになっています。これも株価が内閣支持率を左右する要因のひとつになってきます。

そうなると、メディアも絶えずバブルを煽《あお》るようになります。ある経済雑誌に「アベノミクスで上がる銘柄一〇〇」とかいった見出しが躍ると、その雑誌が売れたりする。

財界も、お年寄りの無責任なサラリーマン経営者のお集まりみたいになって、どんどん金融緩和で株価を上げてくれ、円安を誘導してくれと要求するようになります。それで本業での技術開発投資などの地道な努力を忘れてしまう。

民間企業の方が優れているとか言いますが、昔の本田宗一郎《そういちろう》とか、井深大《いぶかまさる》とか、そういう人はもういないんです。たまたま就職試験に合格して、世渡り上手で、うまく出世の階段を上っていったサラリーマン重役が主流になりました。そういう人は企業を起こして、産業を守ろうとか、これから新しいチャレンジをしようなんて思わない。無責任なサラリーマン経営者になるわけです。シュンペーターがイノベーションの衰退の原因として挙げている経営者精神の衰退そのものです。

バブルの崩壊後も、ほとんどの銀行が無理な融資をし、会計粉飾をしていたのに、誰も責任をとらない。原発が事故を起こしても、誰も責任をとらない。かつて丸山眞男《まさお》が「無責任の体系」と言いましたが、そのとおりになっているのです。

金融資本主義のメカニズム、つまりグローバルスタンダードの名前で会計基準を押さえられて、気がついてみると、日本の長期的な経営姿勢は消えていき、当面の株高や円安をつくり出してくれる人を応援するようになるわけです。小渕さんではありませんが、「株、上がれ」になっていく。こうして金融主導のバブル循環の中で、政治も金融資本主義の論理に呑《の》み込まれてしまう。これが、今の日本の状況です。

なぜアメリカの政策に追随して失敗するのか

外国人投資家の比重が高くなっているから、今、外国人投資家が売り抜けば、日本の株はまた暴落する。政権の人たちはよく「外国人投資家を呼び込む」という言い方をするでしょう。アメリカを中心とした投機家を含めた投資家のマネーを呼び込むためには、アメリカに受けるような政策をとらざるをえない。

そういう意味では安倍さんと小泉さんというのは相似形です。その背後にあるのは、内閣支持率を上げるには株高にしなければならない、株高にするには、アメリカの言うことを聞いていないと、アメリカの投資家が来てくれませんよという、暗黙の「合意」です。アメリカの言うとおりにやらないと、この国は変わらないという、新自由主義のイデオロギーから離れられなくなる。しかし、結果として見ると、小泉時代には多くの日本製品が国際競争力を失っていきました。その事実について総括をしていません。

スーパーコンピュータ、半導体、太陽光電池液晶パネル、携帯音楽プレーヤーなどみんな競争力の低下が著しい。アメリカの量販店に行けば、商品棚の真ん中はサムスンとＬＧで、マニアが買うコーナーの端っこにソニーとパナソニックがあります。

そういうことが実は小泉政権期に起きていた。国際競争力がガクンと落ちて、二〇〇七年には一人当たりのＧＤＰ（国内総生産）は一九位まで落ちていった。所得の分配が悪くなって、企業だけが内部留保を貯《た》め込んだから、内需は盛り上がらず、デフレが長期化していったのです。

安倍さんも基本的に同じパターンです。小泉政権のときは、共和党は小さな政府でしたから、同じ路線をとった。今は、アメリカのバーナンキＦＲＢ議長（当時）のもとでの異例の量的緩和を、日銀の黒田総裁が真似《まね》してやっているわけです。その後、ＦＲＢは金融緩和の規模縮小に乗り出していますが、簡単には抜けられない状況です。一部の企業は調子がいいけれども、経済全体は長期的な停滞局面で、金融緩和によって株価や住宅価格が上がっているだけです。

こういう状態は金融緩和を打ち切ったら、また落ちるので、ある程度続けていかざるをえない。おまけに世界中にお金が投資されていますから、アメリカが金融緩和を縮小すると言った瞬間に、国際収支や財政赤字のパフォーマンスが悪い新興国の通貨、たとえばブラジルのレアルとか、インドのルピーが暴落するような事態になる。新興国経済が崩れると、先進国にはね返ってきます。なかなか出口は見つからないでしょう。

TPPの隠された落とし穴

TPPは農産物関税の問題以外ほとんど報道されませんが、薬の知的所有権（特許権）が延長されると、健康保険財政が圧迫されます。一方、政府の産業競争力会議は、国内の救急体制も崩壊しかけているのに、混合診療の拡大や医療ツーリズムを成長戦略にすえています。医療機械とか、医薬品の審査を簡素化して、アメリカ製の高価な医薬品や医療器械を入れやすくして保険外診療を実質的に拡大したいのでしょう。

先進医療とか名前が付くと、誰でもそちらを受けたくなります。お金持ちは先進医療でピンピン生きて、僕らは標準医療で死んでいかなければいけない。それはイヤだなと思うと、外資系の医療保険に入らざるをえなくなります。医療保険は圧倒的に外資系で占められています。これは日米構造協議で、医療保険分野は米国系生命保険に割り当てられてきた歴史的経緯がありますから、もともと独占状態だったわけです。アメリカの医薬品とか、医療器械とか、医療保険分野の市場を拡大しようとすると、結果として、日本側の国民皆保険がずるずると空洞化していくことになります。

農産物も危ない。農産物の価格が下がっている状況で大規模化をやるのは愚かなことです。酪農でも、畜産でも、大規模化して、大破産が起きているわけです。

米国の大規模農業は、遺伝子組み換え作物を植えて、ヘリコプターや飛行機で農薬を撒《ま》いて、メキシコ系の「不法移民」を雇い、真っ平らの土地を巨大なトラクターで耕してコストを下げる農業です。農家一戸当たりの農地面積（平均）は、日本が一・九ヘクタールなのに対して、米国は約二〇〇ヘクタール、オーストラリアはおよそ三〇〇〇ヘクタールですから、規模で対抗することは不可能です。第一、大規模な農業がほんとうにいいのでしょうか。そういう根本的な問いがないまま、価格が安ければいいみたいな話をしていると、日本の農業は壊れてしまう可能性が高い。

日本の農業のよさは、小規模で安全なものをつくるところにあります。競争するなら、直接加工したり直接販売したりしてコストを下げていく六次産業化の方向が日本の農業にふさわしい。そういういろいろなあり方を考えずに、改革という名前でただ現状をぶち壊していくと、特に地方・地域の経済が崩壊してしまいます。

「分散ネットワーク型」の時代へ

それではこの状況をどういうふうにひっくり返していくか。今、どういう方向をとれば、新しい状況として切り開かれるのでしょうか。

私は、共有と私有をどう組み換えるかということから、新しく生まれてくる動きの中に、新しい社会が切り開かれていく可能性が秘められていると考えています。

ＩＣＴ（情報通信技術）革命と呼ばれるものが、産業のあり方も社会システムも大きく変えつつあります。一言で言えば、二一世紀の産業構造は、集中メインフレーム型から地域分散ネットワーク型に変わっていくということです。だから安倍政権のように、相変わらず集中メインフレーム型の発想に立って、原発輸出とかをやっていてはいけないんです。

集中メインフレーム型は、大規模化して、同じ製品を大量につくることによって、コストを下げる方式です。重化学工業が二〇世紀に拡大するときは、まさにそういう形でした。ところが、人口が減り経済成長率が鈍化すると、こういうシステムは行き詰まってしまいます。ＩＣＴが発達すると、ニーズを即座につかめるので、ひとつひとつは小規模で分散していても、ネットワーク化することによって、実は規模の経済と同じ効果を得ることができて、効率化して、安定化していきます。わかりやすい事例としては、スーパーマーケットとコンビニエンスストアです。

スーパーはダイエーの中内㓛《いさお》さんの、大量に仕入れてコストを下げるやり方です。これは人口が増えて経済が成長しているかぎりはうまくいく。ところが、人口が減って経済の成長がとまってしまうと、集中メインフレーム型は限界に突き当たる。共食いになっていかざるをえません。

その共食いの典型例が、郊外にある大規模なショッピングモールです。スーパーを中核にして映画館からレストランまで、商業施設をみんな吸収して、三〇キロ圏内を食い尽くす。そうすると地域経済が弱体化する、地域経済がダメになると大型スーパーは撤退する、スーパーが撤退した後には地域経済が崩壊して廃墟《はいきょ》みたいな状態になるわけです。

これに対して、コンビニはひとつひとつの規模は小さい。ところが、規模が小さいにもかかわらず、いわゆるＰＯＳシステムで、実はレジスターが端末になっているから、どこの店で、何がどれだけ売れているかが瞬時にわかる。つまり客のニーズが瞬間的につかめる。データを分析すれば、どういう品揃《しなぞろ》えが一番売れるかもわかります。そうすると、在庫管理が必要なくなって小さい店舗でも十分成り立つようになります。

分散ネットワーク型は、ひとつひとつは、バラバラに動いているように見えるものが、ネットワークでつながることによって、システム全体がうまく機能するという現象が起きる。そういう時代に転換していくんです。

新しい独占と「共有」

実は分散ネットワーク型の事例の中で、非常に重要なのは、こういう新しい産業構造が生まれるときに、私有と共有の組み換えがうまくできないと、新しい独占が生まれやすいということです。極端に言うと、単なる私企業であるにもかかわらず、すべての情報がそこに集積してしまう。たとえば、インターネット書店と巨大な検索エンジンがそうです。アマゾンで本を買ってごらんなさい。次にあなたはこの本を買うべきですというお知らせが来ますね。消費者の情報を集積して、読書傾向や思想傾向までわかってしまうわけです。

アマゾンは書籍だけでなく、何でも売るようになっていますから、そうすると日本の官庁がつくる消費関数より、ひょっとすると、アマゾンがつくる消費関数のほうが精確になる可能性があるわけです。しかし、単なる私企業がフェアな役割を果たすかどうか、保証は何もありません。彼らはその膨大なデータを握ってしまうわけです。そういうタイプの独占が起きます。

ただし、新しい独占に対しては、オープンソース、オープンアーキテクチャーの側から反抗が起きています。それが、これからの新しい争いになる可能性が高い。

たとえば、マイクロソフトがウィンドウズでOSを独占すると、ソフト開発もそれにあわせなければならなくなる。一方、リナックス（Linux）はリーナス・トーバルズが仕切っていますが、一応、無料で使える。ウィンドウズで組むとカネがかかるのに対して、リナックスはタダだから企業サーバーのレベルではかなり食い込んでいます。もちろんプロじゃないと使えないので、われわれ、エンドユーザーのところでは、ウィンドウズをまだたくさん使っていますが、そういうせめぎ合いが起きるわけです。

そこで初めて、知的所有権が大問題であることがわかります。どこまでが私有であるべきか、どこまでが共有であるべきかということが、改めて問われるようになるのです。

言葉を使うのに特許料はとらない。でも、われわれは言葉を使って何かをつくっていく。

小説を書いたり、新書を書いたりすれば、そこには特許権（著作権）が発生します。

ヒトゲノムが解読されたときも、これを特許にしようとするせめぎ合いが起きました。ヒトゲノムが特許にされたら、それを使うたびに、お金を払わなければいけなくなります。TPP交渉では、動植物の新種も特許の範囲にされようとしています。そうなると、リンゴを一個つくるたびに、「ふじ」を最初に考案してつくった人に特許料を払えみたいな話になってくる。

ほんとうにそんなことをルール化していいのかという問題が、つまり何を共有として、みんなが使うことによって、より自由で多様な世界になりうるかという問いかけが、いろいろな領域で次々と生まれています。


電力の発送電分離がなぜ必要かというと、送配電網は基本的に共有だという考え方からです。そうしないと、地域で自由な再生可能エネルギーをつくり出すことができません。誰もがその送配電網を使っていいとなれば、自分で投資をして発電し、それを送配電網に乗せることができます。送配電網を開放しないで、どこかが独占していたら、新しい再生可能エネルギーの動きは起きにくくなってしまいます。

電力会社から送配電網を解き放って、代わりに発電を自由にすれば、送配電網はかなりネットワークを大きくしてコントロールを強めないと、電力の供給が不安定になります。そうすると、管理部門が必要になる。これをまた独占しようとする人が現れるかもしれない。それをいかに共有に戻すかという争いがこれからの問題になっていくのです。

コンビニも、複数のコンビニチェーンがあるからいいけれども、それが一社に独占されたら困るわけです。でも、不思議なことに、たとえば農村の直売所みたいなものも、逆側から生まれてくるんですね。

直売所では、近所のおばちゃん・おじちゃんが、個人でバーコードを持っています。みんなで交替で直売所の売り子をやって、朝、穫《と》った野菜を入れていくだけ。キュウリ一袋を二〇〇円で一五袋、毎日、売ったとしますと一〇〇万円ぐらい一年で稼げます。パートに出るより楽です。

これもPOSシステムです。毎朝、おばちゃんがキュウリ一五袋を持ってきます。バーコードを引いてあるから、キュウリが売れると、「おばちゃん、なくなったよ。新しくいれて」と連絡が行く。近所でやっているから新鮮なものがすぐ運ばれてくるわけです。だから在庫の管理の会議がいらない。給料の会計係もいらない。ＪＡ系のバンクで、個人ごとのバーコードで決済が済んじゃう。そういう大きな組み換えが起きているのです。

制度やルールを「共有」する

共有と私有の領域の組み換えが起きると、まさに新しい独占を生まないためにどうするか、共有をどう確保するかという闘いが発生します。それを今まで独占的に持っていた私有者から、あるいは新しく独占しようとしている私有者から奪い返さなければいけないということが起きるわけです。

コンピュータのOSも、発送電分離もそうだし、もう一度、人々が自由で多様に生きていくために、共有する部分をみんなで決めていくか、独占を許さないために情報の管理を分散化させるか、どちらかが必要になってきます。そういう争いごとが、われわれの中で起きてくる。

社会保障制度でも、従来の家族や雇用が解体すれば、同じような問題が起きます。たとえば分立している年金を一元化するというのも、実は国民が職業が何であれ正社員であれ非正社員であれ、同じ年金制度を共有するということなんです。

非正社員と正社員が別々の年金制度に入っていれば、企業はコストを下げようとするから、厚生年金で拠出金を負う正社員はごく少数にして、国民年金に加入する非正社員を多数にしようとするわけです。当然、国民年金の加入者は割に合わない。納めた額に対して貰《もら》える金額も少ないし、そもそも生活が苦しくて納められない。いったん空洞化が始まると、よけい信頼を失っていくわけです。

国民健康保険制度も同じです。職業的に分立しています。できるかぎり一元化しないと自由で多様な人生の選択ができないんです。どんな職業に就いていても、どんな境遇にあっても、同じ保険に入っていないかぎり、自由で多様な生き方は選択できません。

それ抜きに、雇用を流動化しましょうとか言っても、話にならない。普通のサラリーマンは保険料の納付額で年金給付額が決まってくるし、一〇年とか、二〇年とかいう勤続年数で企業年金を貰える資格を得る前にリストラにあうと、老後の年金額は全然違ってきます。ここで我慢すれば、なんとかなるなと思っているときに、さあ、クビを切られたらどうしようかと考えるわけです。そうすると、イグジット（出ていく）の自由がなくなるから、ボイス（発言）の自由もなくなっていく。

制度が小集団に閉じられていて、その社会に忠誠を誓わないと制度の恩恵を得られないようなしくみを残しているかぎり、ボイスの自由は生まれません。年金はすべての人が共有して、同じ年金に入るように、中長期的に持っていかないかぎり、自由で多様な社会は生まれない。

日本の社会保障制度が小集団ごとに分断されているかぎり、民主主義的な社会はできません。それは、まさに新しい戦略としての共有と私有の組み換えの問題なのです。その共有に上乗せする年金や、個人年金は自由でいい。でも、最低限、全員が入って生活できる制度を、どうやって共有するかということが大きな問題です。

ここで改めて「共有」論のパースペクティブに注意を喚起しておきたいと思います。これまで「共有」は、入会地から地球環境まで、「共同体」の維持あるいは持続可能性の問題として論じられてきました。しかし、共同体的文脈で論じるコモンズという議論には限界があります。これまで見てきたように、ここでは制度やルールを含めた「共有」が、実は平等論的なパースペクティブを含みつつも、それを超えて、自由や多様性を保証するためのものでもあるという点が、重要なのです。特にコンピュータや情報通信技術の発展が、こういう問題を惹起《じゃっき》させているのです。

さらに話を広げることもできます。たとえば、国際通貨をどうするかという問題です。

みんなが、なぜドルを使うのか。これまで国際決済に使われてきたことが背景になっていますが、「金」とのつながりを失って以降は、ドルが国際通貨だと思っている以外に根拠はありません。ほかに信用できる通貨があれば、ドルを使い続けなければいけない理由はありません。

今、明らかにドルは動揺しています。にもかかわらず、世界中でドルがばら撒かれているがゆえに、ドルに依存しています。明らかにドルはもう紙っぺらのように刷りまくられている。ただの紙切れ、ただの債務証書に過ぎないドル紙幣が、なぜすべての人にとって共有するべき通貨なのかは、ほとんど理由がなくなっています。

代わるビジョンとしては、かつてケインズは、清算ユニオンをつくって、国際的な決済の最終的な帳尻《ちょうじり》をバンコール（Bancor）という世界通貨でやろうという構想を打ち出しました。それは見果てぬ夢でしたが、長期的に考えると、いずれ、われわれはドルに代わるものとして、すべての人が共通に使いうる、信用できる通貨を新しくつくらなければいけなくなるかもしれない。

金融のルールもそうですが、われわれがどういう制度やルールを共有化するかということと、どこまで共有でどこまで私的所有権を認めるのか、そういうことをいちいち見直していかなければいけないのが、新しい大転換の時代なのです。

そうすると、僕たちの新しいオルタナティブは、分散ネットワーク型であると同時に、私有と共有の関係をどう見直していくかという問題を意識して、できるかぎり新しい共有の領域を広げていくことが、新しい自由で多様な生き方を可能にする、そういう戦略的な点を、常に追いかけていくことが、たぶん二一世紀にとって、大きな課題になるだろうと思います。

中間団体の間隙《かんげき》を埋める新保守主義

インターネットは新しい社会的ネットワークをつくり出しますが、それに対する過度の楽観論は危険です。日本でも確かにSNS（ソーシャル・ネットワーキング・サービス）が、たとえば脱原発の金曜デモとか、ヘイトスピーチに対する反対運動とか、新しい社会運動をつくっていることは確かです。これは今までの、左翼的な人たちのやっていた運動と違って、ネットワークの中心になる人たちはいるわけですけど、誰かが命令を出しているわけではありません。短いスローガンを共有しているだけなのに、それはすごく大きな力になっていった。たとえば、チュニジアからエジプトに至るまでアラブ諸国で起きたジャスミン革命とかアラブの春とかもそうです。

しかし今、エジプトではムスリム同胞団と軍隊という、最も強力な組織を持った者同士の衝突になって、結果的には民主化の方向は逆転してしまったということが、同時に起きているわけです。

新しい運動の芽があると同時に、また再びひとつ前の時代の組織戦、組織と組織の衝突みたいな戦いになったりします。残念ながら、SNSで結びつく運動は、短いスローガンの共有はあるが、そこでは新しい社会ビジョンの共有があるわけではありません。そういう限界に突き当たっています。さりとて、政党がこういう新しい動きを吸収できているかというと、できていません。

新自由主義は、既得権益打破という名目で中間諸団体を解体していきますから、労働組合も、農協とか医師会とかいう職業団体も弱体化する傾向をもたらします。個人が砂のようにバラバラになる状況が片方で進んでいきながら、しかも、その間隙を埋めるのは、いわゆる新保守主義、ニューライトと呼ばれる考え方の台頭です。今の安倍首相はこの右翼的な部分が極端に強いわけです。

外国の新聞を読んでいると、石原慎太郎議員とか、安倍首相とかはファーライトとか、イクストリームライトと書かれたりしています。つまり極右です。極端に言えば、こいつは戦争を引き起こしかねない、とんでもない政治家だみたいなイメージです。日本のメディアだけが、安倍首相をそういう政治家であるという扱いをしていません。

そういう状況で、民意を吸収する経路としての政党が衰退している。民意を吸収しながら、ひとつのアジェンダにまとめて、政治の世界で争っていくのが政党の機能ですが、その機能が著しく低下しています。ある意味では一九三〇年代と似ているのかもしれません。政党の機能が著しく低下していて、保守リベラルの解体傾向が猛烈に進んでいます。自民党も宏池会《こうちかい》とか、経世会とかいう、保守リベラルな部分がかなり削《そ》げ落ちて、二世三世の右翼政治家か、社会に出ないで政治家になるために塾通いした政治家ばかりになりました。

そういうなかで極端なナショナリズムが、これまで中間団体で統合していたしくみ、あるいはコミュニティに包含されていたものの解体を補うように出てきています。国家というものが、中間団体を飛び越えて、むき出しの形で個人の言葉としてインターネット上に載るようになってきている。きわめて危険な状況が一方で進むわけです。

子どもの「共有」

しかし個人に解体されるなかで、ＳＮＳが緩やかに結びつけている動きもあります。僕らはそれを新しく制度化する経路を構想しないと、分散ネットワーク型の社会システムは実現しないでしょう。

分散ネットワーク型になると、旧来型の上（国）からの再分配方式とは違って、下（地域）からの目線に変わっていく。地域の住民が参加して自主的に物事を決定する社会的なシステムとして、その意思決定のあり方も分散型になっていくわけです。それは社会保障や社会福祉の組み換えももたらします。

少子高齢化に直面する先進国では、ジェンダー的視点から、子どもを「共有」せざるをえません。子ども手当もそういった面を持っていました。親の所得水準を基準に児童手当を配るのは、ある意味で「社会民主主義」的な所得再分配政策ですが、これはパターナリスティックな福祉で「差別」を生みます。逆に子ども目線で、すべての子どもに育つ権利があるということで、親の貧富も人種も職業もあらゆるものにかかわりなく、一律に子どもが育つための保障を与えなければいけなくなるのです。親がどんな状況になっても子どもを育てられる環境をつくり、貧富や人種や職業にかかわりなく、女性の子どもを産むリスクを徹底的に軽くするわけです。

社会福祉も年金のような現金給付に依存するのではなくて、地域の現物給付が重視されてきます。現物給付と言っても、教育も介護も医療も、地域の実情によって違いますから、供給者も、受益者も、負担者も、みんな、地域で話し合って、どういうシステムが望ましいかを決めていかなければいけません。そこには、中核病院、診療所、訪問看護・介護の連携が図られ、ひとりひとりの患者に寄り添う、かかりつけ医やケースマネージャーがはりつく。そういう形で、ネットワーク化が地域特性に応じて形成される必要性が生じます。そのためには、地域で分散的に住民が意思決定できるように、公共空間を自分たちの近くに手繰り寄せないといけなくなってくる。

エネルギー、福祉、農業といった地域の基本的な部分が分散ネットワーク型になっていくことで、産業構造や雇用のつくり手も変わってくる。そこでの意思決定のあり方も大きく変わっていく。それがネットワークでつながっていく状態が、新しい分散ネットワーク型の変革の姿なのではないか。そうすると、社会的価値のど真ん中には環境とか、安全とか、安心とか、そういう概念が埋め込まれていくし、たぶん家族とか、結婚とかも含めて、形が大きく変わっていくと思います。

重化学工業時代の集中メインフレーム型の社会は、同時に企業戦士と専業主婦の核家族モデルをつくったわけです。男が熟練が必要な重労働で、重化学工業の真ん中にいなければいけなかったのですが、分散ネットワーク型になるとそういう労働のあり方が大きく変わってきて、男女共稼ぎが当たり前。介護とか、保育とか、教育とか、女性が主に担ってきた分野、この領域を、もう一度、つくり変えて、男女共稼ぎモデルに変えていかないといけない。そうしないと年金ももちません。女の人が働いて年金の保険料を納め、納税者になっていくしかないのです。そういう大きな組み換えが起きるわけです。ジェンダーバイアスの強い男は、女が強くなるのをあきらめなければいけません。簡単なんです。今まで家庭で起きていたことが、社会全体に広がるだけだと考えればいいのです（笑）。

子どもの権利を中心にしながら、産業も環境や安全を軸にして需要が組み立てられていく。耐久消費財も電化製品も、ネットワークでつながるようになる。それにあわせてICTを使った新製品もつくられていくので、全体として地域が潤っていくのが分散型です。そういうなかで雇用が確保されていく社会が、目指すべき方向だろうと思います。

これらは、限界に達したグローバリズムに対抗する形態でもあります。そのためには、スパコンやICTの発達を単なるSNSの発展と社会運動の関係だけでとらえるのではなく、分散ネットワーク型の産業構造や社会システムという、来たるべき近未来の社会ビジョンとしてとらえる視点が必要になってくるのです。

「グローバルスタンダード」へ対抗するために

冒頭で国民国家の話から、グローバリゼーションの意味について話をしました。また、アメリカがグローバリゼーションの基軸として使ってきた金融や情報通信がもたらす問題点、日本の政治が金融資本主義のロジックに巻き込まれて動くようになった現実、あるいはスパコンやICTを軸にした大きな産業構造の転換から日本が置いてきぼりになってきていることまで、いろいろと話をしてきましたが、結局、これらは、これからどうやって「グローバルスタンダード」という形で一国の制度の束としての市場が押しつけられてくるのに対抗していくのかという問題に行きつきます。

通貨とか、インターネットとか、知的所有権とか、年金とか、そういう戦略的な地点を次々と新しい「共有」をつくり出すことによって、自由で多様な社会に大きく変えていくことが必要になってきます。

その際、単にSNSで結びついているだけでは、旧来の集中メインフレーム型の組織と組織の対抗に勝てないので、われわれは地域の末端から社会的な意思決定のメカニズムを制度化して、積み上げていくことが必要になります。それがまたネットワークでつながっていくという、新しい国家像を構想していかないと、常に古いものに後戻りさせられてしまいます。

具体的には、地域で粘り強く、エネルギーを転換しましょうとか、福祉の新しい動きをつくりましょうとか、新しい安心・安全な農業や食の流通をつくりましょうと頑張っている人たちが、地域で自ら意思決定しながら、そういうしくみを制度化して、共有していくことが必要です。

二〇世紀の集中メインフレーム型の社会は、中央司令室を握った者が勝つので、「革命」の時代でした。思想的には資本主義と社会主義が対抗し、後発国で社会主義が一定の地域を築きました。それは将棋のような世界です。しかし、二一世紀の分散ネットワーク型社会になると、さしあたりひとつひとつの地域の自立しようとする動きがバラバラに起きてきます。そして、それがネットワークでしだいに結びついていくと、囲碁のように地が囲われて、石を全部とっていくようにして社会が変わっていきます。そのためには、戦略的な共有のポイントに向かって、ひとつひとつ、地域で制度化しながら、新しい価値観に基づく制度化が広がるようなイメージを描いていくことが必要だと思います。

僕はそういうことを夢見ている、ジョン・レノン風に言えばデイドリーマーとして、頑張りたいなと思っています。

第五回　「中国環境脅威論？」——隣人と向き合う

吉岡桂子

〔よしおか・けいこ〕

朝日新聞編集委員。一九六四年、岡山県生まれ。岡山大学卒。一九八七年山陽放送入社。一九八九年一一月に朝日新聞社に移り、和歌山支局、大阪・東京経済部を経て、一九九九～二〇〇〇年に北京・対外経済貿易大学で中国語研修。二〇一三年までの通算八年間、上海、北京に駐在。経済や環境・資源、市民社会などを取材。二〇〇五年、二〇一二年の反日デモは北京で取材した。米戦略国際問題研究所（CSIS）客員研究員（二〇〇七年九月から一年間）。著書に『問答有用　中国改革派19人に聞く』『愛国経済　中国の全球化《グローバリゼーション》』。

（講義日　二〇一三年一二月一〇日）

【講演】

「中国のことが好きなの？」と問う日本人

朝日新聞の吉岡桂子と申します。今日は、中国の環境問題について、政治や社会状況を踏まえながらお話しさせていただきます。みなさん、よろしくお願いいたします。

私は経済部の記者だったんですが、三〇代半ばに中国語の勉強を始めました。中国が経済的に大きな成長を遂げると同時に、急速な経済成長による問題も起こってくるであろうと考えていました。日本との関係も変わるかもしれない、とも。そんな中国を取材すれば、記者として非常に刺激的ですし、社会的に大きな意味を持つであろうと思ったんです。そして中国の一三億という人口を考えると、中国語ができれば、その人たちのすべてが取材対象となりうる。それは新聞記者である自分にとってもプラスだと考えていました。

一九九九年夏から一年間、会社の派遣でハルビンと北京《ペキン》に語学留学しました。それから上海《シャンハイ》と北京に特派員として赴任して、二〇一三年の春に帰国するまで、あわせて八年間、中国におりました。

中国を長く取材の専門分野としていますと、日本では、「中国のことが好きなの？」と頻繁に聞かれます。経済部にいたころ、日本銀行や運輸省（現国土交通省）を担当したこともありました。しかし、「日本銀行のことが好きなの？」「運輸省が好きなの？」と聞く人はいませんでした。ですが取材対象が中国だと、「中国、好きなの？」という言葉が出てくる。その質問の裏には、「よく、中国とそんなに長くつきあっていられるね」といったニュアンスが隠れているように感じます。確かに中国への思いはそれぞれにさまざまあるでしょう。私は「好き嫌いではなくって、日本にとって大事な国ですよね。だから取材を続けています」と、その質問にはお答えしています。

感情と分析をわける

ここ数年特に感じることですが、中国に対して私を含めて日本人の感情が揺れています。二〇一〇年に経済規模で日本を抜き、その経済力を背景に富国強兵を進めている巨大な独裁国家が隣にいる。当然と言えば当然です。そんななかで、私が中国と向き合うときに気をつけていることをまず、お伝えします。それは、感情と分析をまぜないということです。

印象的なアンケートが二〇一三年の夏にありました。日本の言論ＮＰＯという組織と、中国の英字新聞のチャイナデイリーが合同で毎年アンケートをとっています。その結果が、日本では九〇・一%の人が、中国では九二・八%の人が、互いの国に対して好感を持っていないというものだったんです。今の日中の関係を考えると、みなさんも当然だと思うでしょう。一方、アメリカのワシントンに本部を持つピューリサーチセンターという世論調査機関があるのですが、そこがほぼ同時期に発表したアンケートの結果は、より興味深いものでした。

ピューリサーチセンターのアンケートは、三九ヵ国に対して行っています。中国に対して好感を持っている日本人の割合は五%でした。これは先ほどの日中合同のアンケートの結果である、日本の九割の人が好感を持っていないという数字の裏返しですから、予測できますね。ただこの数字は世界の中では突出して低いものなんです。たとえば、トルコは歴史的な経緯もあって中国に対する印象がよくない国ととらえられています。しかしそのアンケートで日本についで二番目に中国への好感度が低いトルコでさえ、中国を好きだという人が二八%いました。また、アフリカや新興国のほとんどは五割以上が好感を持っていて、イギリス、フランス、スペイン、カナダといった主要な西洋の国は、新興国に比べれば低いのですが、だいたい三割から四割の率で好感を持っているという結果が出ています。

そしてこの好感度調査とは別に、現在、あるいはこれからの世界のリーダーは中国なのか、アメリカなのかという質問があり、しだいに中国と答える人たちが増えてきています。二〇一三年の結果は、二二ヵ国がアメリカと答えていますが、中国と答える割合は増えているんですね。そしてそのなかでも注目すべき点は、フランスやドイツ、スペインやイタリアでは、中国への好感度はそんなに高くないものの、七割前後が、中国はすでに世界をリードするスーパーパワーである、あるいは将来はなりうる、という認識を持っていることです。ちなみに日本は二四%しかありません。

ヨーロッパの人たちは、ギリシアなど国家の財政やユーロの危機、経済の停滞があり、今後、どこのマーケットで稼ぐのかといったことを考えている時期に――アメリカもリーマンショック以降、世界の経済を牽引《けんいん》する力が弱まってきたためでもあると思うのですが、中国に対し、感情的には嫌いだけれども、経済的にも政治的にも力を持つ重要な国であるという結論を出しているわけです。これは、感情と分析をわけている、そういう態度がアンケートの結果にも出ているのだと思いました。

私に「中国、好きなの?」と聞かれる方は、きっと中国に対してよい感情を持たれていないのだと思います。ただ、相手がどういう内在的な論理を持って動いていて、どのような道を選択しようとしているのかを知ること、理解することは大事だと思います。そして自分たちとどのように対峙《たいじ》しようとしているのか。その彼らの態度を決定している歴史的背景とはどのようなものなのか。それらを冷静に分析することと、好き嫌いの感情とはわけて考えた方が結果として自らが得られるものが大きくなるはずです。

日中の摩擦の背景にある意識

私自身、一〇年余り中国と向き合ってきて、現在の日本と中国の摩擦は、恐らく私が生きているあいだは続くのではないかと感じています。なぜかと言うと、大国意識を強める中国の富国強兵が近い将来、とまるとは思えません。それに対する日本人の嫌悪や精神的な圧迫感、恐怖心も続くでしょう。同盟国アメリカと中国の対抗、あるいは逆に協調への不安もあります。さらに、日本と中国には似ているというか、どちらも何かを取り戻したいという思いもあるようです。それだけになかなか相容《あいい》れないところがあるのではないかと思うのです。

まず日本については、今のリーダーの世代は、戦後の復興を終え、高度成長期から「ジャパンアズナンバーワン」と言われた時代、そしてバブル景気を経験しています。強烈な成功体験というか、上がっていくような感覚が体の中に沁《し》みついている。また国際的に見たときも、自分の英語が生半可でも、所属する組織が欧米の大学や国際機関に派遣してくれたりして、そのような場所で経験を積むことができた時代が日本にもありました。日本叩《だた》きがある一方で、日本の勢いに中国を含めて世界の人々が関心を持ってくれました。国際会議に行けば、世界中の人たちが寄ってきて話しかけてきたり、話を聞いてくれたりした。今は、そういう状況が減っている時代だと思うのです。国際社会の「新人」じゃない、ということもあるでしょう。さらに高齢化も進み、上り調子の気分は味わえない。経済も世界においての活躍の場がほかの国に奪われる機会も増えています。そんな状況に対し、日本のリーダー層は、失われていく日本の世界における地位を取り戻したいといった衝動が強くあるのではないでしょうか。この少し上の世代はリアルな戦争を味わっている。中国へ兵士を送りこんだリアルな現実も知っている。身近な人を戦争で亡くし、敗戦の記憶もリアルです。そうした「戦い」のリアルさが消え、ジャパンアズナンバーワンが記憶の中で突出して残る世代が今のリーダー世代です。「栄光」を取り戻したいと思うこと自体は悪い話ではありません。問題は現状認識と手法だと思います。もう少し若い世代と話をすると、ちょっと違う感覚を感じます。勝つか負けるか、あれかこれかの二者択一ではなく、グローバルに結びついた市場や社会を前提にテーマごとに合従連衡をしたり、ネットワークを築きたいと考えたりする人が増えていると思います。自分たちが生きてきた前提がジャパンアズナンバーワンではないからでもあるでしょう。しかし彼らが日本の社会の中心で活躍していくにはまだ時間がかかりますから、今のリーダーたちの感覚が日本のあり方に大きく影響を与える時代は、しばらく続くと思っています。もちろん、どちらの世代も「全員」というわけではありませんが。

そして現在の中国は、正に以前の日本が上り調子だったころのような状況を世界で得ているところがあります。世界のほかの国からすれば、中国というのはどんな国なのか未《いま》だによくわからないところが多いですから、知的好奇心をそそられるし、逆に目を離すと何をしでかすかわからないからこそ注目も浴びる。高成長が続くなか、経済的に重要な存在にもなっていく。チャイナマネーを成長の糧に取り込みたい国は少なくない。成長率が下がったとはいえ、一年でトルコ一ヵ国分のGDP（国内総生産）が膨らむ国はほかにありません。

そんな中国の人たちも失われたものを取り戻したいという大きな流れがあると感じます。

一八四〇年にアヘン戦争が起こり、大国であった自分たちの国が欧米列強から攻撃を受けて、力で押さえつけられ、賠償金の支払いや香港の割譲など不当な扱いを受けることになった。隣国の日本は、明治維新を経て富国強兵の路線を推し進め、とうとう中国を侵略し、最終的には日中戦争が起こります。

そのような経緯があり、中国には、反日や嫌日といった意識や、現在の超大国アメリカに対して対抗する意識以前に、自分たちがもぎ取られた力を取り返し、失われた大国の地位を、歴史を取り戻そうという空気があるのだと思います。もちろんそういった意識を理性で抑え、「隣国である日本とは仲よくした方が得だ」、「アメリカと張り合っても仕方がない」と思っている人もいます。しかし強い中国を取り戻す過程に現在の自分たちがいるといった意識は、経済的な隆盛によって強く支えられているのではないでしょうか。それは一三億人を束ねる統治の道具になりえます。

何十年かの時間軸で失われた強さを取り戻したい日本と、百数十年の時間軸で失われた強さを取り戻したい中国、その両国が向き合っているわけですから、日中関係は簡単ではありません。そして、それぞれの国の中で不当な扱いを受けていると感じる人々のあいだに排他的なナショナリズムが生まれ、相互に増幅しあっているように見えます。政治的に利用する動きも双方にあります。

日本人が中国を見るときの意識

私が初めて上海の特派員になった二〇〇三年当時、日本のGDPは中国の三倍近くありました。それが二〇一〇年には、中国のGDPは日本のGDPを追い越します。中国がこの経済の膨張をもって、日本を過小評価したくなる気持ちが出てくるのは当然かもしれません。そして中国の大きな規模のマーケットは、世界中の多くの国や企業の興味を引きつけます。現在、中国は外交やビジネスの要衝です。さまざまな人たちが訪れています。これまで、訪中した政府や企業の首脳などが日本に立ち寄らなければ、日本のメディアは、それを「ジャパン・パッシング」と呼んでいたこともありましたが、最近はそれを言っていたらキリがないくらい中国だけに行って帰る人たちが多い状態になっています。たとえば、ドイツのメルケル首相は日本への訪問は二〇〇八年で途切れていますが、中国には二〇一二年までに六回も訪れています。

アメリカのオバマ政権の一期目で対アジア政策の責任者だったジェフリー・ベーダーさんは、回顧録の中でアジア担当の責任者への引き継ぎ事項として、日本と中国を訪問するにあたって注意すべき点を挙げています。日本のメディアが「アメリカは先に中国へ行き、中国を重視している」と報道するから、米国政府の関係者はとにかく先に日本へ行って、その顔を立てておけばいいと。メディアを含め、日本人は隣国の中国が経済的に大きく飛躍して、世界の注目を集めている状況と、自分たちの国の現状、おかれている立場を相対的に見られなくなってきているのではないでしょうか。当たり前のことですが、訪問の順番より、話の中身の方が重要です。だけど、ちょっとしたことで心が揺れてしまう。

また、たとえばＡＳＥＡＮ（東南アジア諸国連合）の国々にとっては日本も中国も重要です。だからどちらか一方の国と組んで一方を包囲するような二者択一などということはできないし、しないはずなんです。しかし日本人は疑心暗鬼になりがちです。日本企業が中国で経営に失敗したり、販売競争に負けると、すぐに「反日」を理由にする。でも、よく見ると他国の企業も成功ばかりではありません。当たり前ですけど。中国にいたときは、そういった中国に対する日本人の感情がつくり出す空気の中で中国と接していることを意識し、中国や日本以外の国の人々も取材してできるだけ自分の視点を相対化したいと思っていました。

PM2・5の問題から見えてくるもの

では、具体的な環境問題の話に入ります。まずは空気についてです。今、最も注目を集めているのが、PM2・5の問題ですね。中国ではPM2・5による大気汚染が大変なことになっていて、二〇一三年の一二月の報道では、およそ一〇〇都市で基準値を超えた日もあったと伝えられています。

日本にも影響がある問題で大きく報道されていますから、みなさんもよくご存じかと思いますが、冬から春のあいだ、北京で写真を撮ると、煙ったように写ります。それはレンズが曇ったからではなく、空気のせいなんですね。こういう状態がこれまでも頻繁に起きていましたが、二〇一三〜一四年の冬には微小粒子状の汚染物質PM2・5が北京や河北《かほく》省など北部だけでなく、上海や南京《ナンキン》あたりまで広がるようになったことは大ニュースでした。

日本は環境を重視していて、技術もあり、環境ビジネスも盛んです。そして中国に対するODA（政府の途上国援助）でも環境分野にお金をかけてきました。また日本の環境法学者たちは、中国の環境立法にあたり、大きな知的貢献を果たしています。ですがこのPM2・5でいえば中国で環境問題として取り上げられたとき、中国の人々の印象に残っているのは、こうした日本の貢献よりも、アメリカ政府が中国に住む自国民を守るために中国政府の反発にあっても大気汚染の正確な数値を計測しようとした行為かもしれません。

アメリカ政府は北京五輪を控えた二〇〇八年ごろから中国国内の大気汚染の問題に注意を払い、ＰＭ２・５の汚染度合いを中国より厳しい基準を設定した上で計測し、その情報を在中アメリカ人に向けて提供していました。中国との外交的な摩擦は必至でしたが、アメリカ政府は自国民の健康を守るために計測を続行します。その情報が微博《ウエイボー》という中国版のミニブログなどインターネットを通じて徐々に広がり、中国の人たちも危険にさらされていると確信します。その結果、中国政府に正確な情報の提供を訴える動きも出て、一二年からようやく中国各地でもＰＭ２・５の計測が行われるようになったのです。

ここから見えてくるのは、環境外交とは、自分たちの環境技術はこんなにすばらしいのだと言って売り込めばよいというだけではなく、相手の意識に――共感と言ってもいいのかもしれません――届く政策をどれだけとれるのかも重要であるということです。時には相手の政府が嫌なことであろうとも、民間の人々に対してメッセージを送ること、それも大切にしたいと思います。

そしてＰＭ２・５の問題は、さまざまな影響を与え始めています。二〇一三年の一一月、アメリカの中国大使、ゲイリー・ロックさんが、家族を先にアメリカに帰し、任期途中にもかかわらず辞任の意向を発表しました。中国では、大使がＰＭ２・５を恐れて帰ったのではないかとの憶測が流れ、アメリカ側はそれを否定するコメントをすぐに出しました。しかし微博《ウエイボー》には、やはり大使の辞任は、大気汚染が原因ではないかといった書き込みが多く出回りました。中国の人たちも今、大気汚染が抜き差しならない問題だと考えている表れなのではないかと思います。

工場廃水がつくり出した「ガン村」

次に水質と土壌の汚染について現場を取材して感じたことをお話しします。

河南省《かなん》には淮河《わいが》と呼ばれる揚子江《ようすこう》や黄河《こうが》に次ぐ大きな川があります。日本人には、悠久な中国文明の揺籃《ようらん》の地というイメージがある場所でもあるのですが、この流域に「ガン村」と言われている場所があります。

その辺りは内陸の貧しい農村地帯です。そこにも改革開放政策の中で、製紙工場などができます。こうした工場が低い浄化機能しか持たなかったため、汚染物質をそのまま川に放出してしまいました。何も知らない住民たちは、川の水や浅い地盤からくみ上げた井戸水を飲んでいました。そうすると、彼らの中に消化器がやられ、そのままガンになって死んでしまう人が相次ぐことになりました。

二〇〇五年秋に私がこの村を取材した際、村の通りを車で走ると、基準値を超えた汚染物質を川に流したら罰金を科す旨を書いたはり紙をたくさん見かけました。でもその罰金がすごく安いんですね。そうすると、コストをかけて浄化設備を新たに取りつけるより、罰金を払ってでも汚染物質を流した方が安くつく。役人とつるんで罰金すら払わない企業も少なくない。そしてそれが長く続いた結果、周辺にはガン村が続出することになりました。少なくとも二〇はあると言われています。

その後、中国内外のメディアが報道し始め、少しずつ環境は変わってきています。NGO（非政府組織）の働きかけで井戸を深く掘るようになり、刺激臭がたちこめていた当時に比べると汚染の拡散も落ち着いてきているんですね。ですが一度体内に入った汚染物質の影響がどう出るかはすぐにはわかりませんから、今後も油断はできません。そして変わらず高い割合でガンが発生しています。奇形の魚も見つかっています。

現在、中国には公害病の認定制度というものはなく、基本的に因果関係も立証しません。二〇一三年になって初めて中国の政府系の研究機関が、川の近隣の村において、汚染数値が他の地域の平均値に比べて高く、ガン――そのなかでも特に消化器系のガンが発生しているという調査結果を発表しました。しかし工場排水による水質汚染との因果関係を特定してしまうと、誰かが責任をとらなければならなくなる。補償問題にもなりますから、因果関係については特定していません。そんな状況ですから、この汚染の根本的な解決や補償にまでつながるにはまだまだ道のりは長いと思います。

中国でどのように公害が扱われているか

次は土壌汚染についてです。水質汚染より人体での潜伏期間が長いとされており、土壌汚染が注目され始めたのは、ここ五年ぐらいのことです。中国には磁石などの材料にもなるレアアースが多く埋蔵されていることが知られていますが、それ以外の金属資源についても湖南《こなん》省や広東《カントン》省には多くの鉱脈を持つ山々があります。ただ、採掘や加工を行う際にしっかりした処理をしないものですから、この辺りの地域の子どもたちの血液中の鉛の濃度が基準値よりもかなり高くなった。中国の基準というのは、PM2・5と同じでほかの国の基準よりもかなり甘い。それにもかかわらず、その甘い基準値の更に二倍、三倍の数値の鉛中毒の子どもがたくさんいるのです。

北京にいたとき、その状況を中国メディアの報道で知り、取材に行きました。二〇一二年春のことです。現地に着くと、タクシー運転手さんの言葉も訛《なま》っていてわからないような所で、道に迷ってしまい、目指した村とは別の村に着いてしまったんです。仕方がなくそこで取材を始めました。ところが、その村でも、出会った女性が子どもの髪の毛が突然抜け出したと言うのです。

更に聞くと、そういう症状が出たときは、自分の村の病院には行かないと。なぜなら地元政府の息がかかっているから、検査をしても正確な数字を出してくれないと思っているのです。一人っ子政策のため、その一人しかいない子どもの将来がどうなるかわからない事態は耐え難いので、少しでもお金のある人は自分の村から離れた別の地域の病院に行って検査を受けていました。その結果、血液中の鉛の濃度が基準値の倍だったそうです。ネットで公害の情報を調べており、鉛についての日本の基準などもよく知っています。知識が増えれば、中国の規制の現状に対しても批判的になります。地元政府に訴えてもらちがあかないと怒っていました。

カドミウム中毒でイタイイタイ病のような症状が多発している湖南省の村も取材しました。彼らも、地元政府と企業や病院はつながっているので、地方で訴えても効果はないと考えて、ならば北京まで行って中央政府に訴えれば、なんとかなるのではないかと、何度も北京へ行こうとした。直訴に成功すれば、海外のメディアも注目していると訴え、中央政府で問題にしてもらう。そういう動きが中国の各地でも出てきています。

天安門《てんあんもん》事件以降、「崩壊する」と頻繁に言われながら、中国が二〇年以上も瓦解《がかい》しなかった理由のひとつに、身近な役人は悪代官だけど、北京の国家主席には力があり、人々のことを見ている、つまり、地方が悪、中央は善というイメージづくりにある程度成功したこともあると思います。この、共同幻想を保つためにも、思いついたように中央政府が汚職退治をしたり、注目を集めそうな国民からの訴えを、ときおり救済してみせてきました。そうすることで、中央政府はいざとなれば動くというイメージを人々の中に持たせてきた。これが中国の統治の手法のひとつです。

この共同幻想は、これまではある程度保たれていたと思います。しかし近年、ネットが発達するにつれ、さまざまな情報を中国の人たちも手に入れることができるようになってきました。その結果、現在はかなり多くの国民が、中国政府も「共犯」と分かったうえで、得られる利益を求めて行動しているのではないでしょうか。

環境問題とデモ

江蘇省南通市の啓東《けいとう》という町には、日本の王子製紙の製紙工場があり、輸入したパルプで紙をつくっていました。王子製紙は更なる事業展開をしようと、原料のパルプも現地でつくることにしました。パルプの製造にはたくさんの水が必要ですし、排水の問題も出てきます。それで王子製紙は、排水のパイプラインを建設する大規模な計画を立てました。日本の企業にとって、これは対中国の単独一回では過去最高と言われた巨額な投資でした。中国政府としても雇用が生まれますから、地元政府の開発区と共同プロジェクトとして行われることになったんです。計画は環境基準をクリアしていました。しかし、地域一帯の水が汚れるという理由で、住民が激しいデモをしたんです。参加者は五〇〇〇人とも一万人以上とも伝えられました。二〇一二年夏のことでした。

王子製紙にしてみれば、万事大丈夫だろうと進めていた計画が、突然、反対だと言われ、大きな投資もしているのにどうしたものかと頭を抱えたことでしょう。ところが更に話は面倒なことになります。計画を一緒に進めていたはずの中国政府が降りてしまうのです。デモの告知を受けて「王子製紙の排水パイプはつくりません」と、政府は建設の中断を発表したのです。それにもかかわらず、デモが起きた。中断ではなく、やめてしまえ、と。デモは王子製紙に向かわず、共産党・政府の庁舎へ向かいました。地元政府や共産党のオフィスに突撃し、ガラスを割り、幹部の部屋まで荒らしたわけです。反政府デモの隠れ蓑《みの》に環境問題が取り上げられる側面も中国にはあるということですね。

注目すべきもうひとつの背景があります。当時は報道されませんでしたが、上海に近い啓東の一帯はリゾートマンションの分譲開発が盛んでした。つまり、安全であろうがなかろうが、パイプラインが町を通るというだけで不動産価格が下がることを危惧《きぐ》した不動産会社が、地元以外の人々も動員して激しいデモを起こさせたという情報もあります。

こうした事件に現在の中国の社会構造がよく表れています。外資系企業も政府とだけうまくつきあっていても、「環境リスク」は防げない、と中国の環境NGOは指摘しています。

変化する中国人の環境問題に対する意識

二〇一三年夏には広東省の江門《こうもん》市で、核燃料の製造工場の建設に対してもデモが起こりました。地元政府は当初、核燃料の製造工場だと明かさず、クリーンエネルギーの製造基地をつくるという名目で、計画を進めていました。しかししだいに情報が漏れ始めます。そしてついに核燃料の製造工場であることを後出しで発表しました。ところが、怒った地域住民によるデモが起きると、政府はあっさり建設をやめてしまったんです。

原発自体も全部海際にありますし、核燃料の工場も工業がすでに発展している沿岸部の方がいいと考えていたのですね。けれど一方で、沿岸部は経済的に豊かで権利意識の強い人が多く住んでいるところでもあり、核燃料や大規模な化学工場の建設計画は多くが反対に遭い、とりやめになっています。

ただ、内陸も難しくなっています。内陸の安徽《あんき》省付近に原発をつくろうとした際も、中国で初めての原発反対運動が表面化し、計画が延期になりました。この反対運動の大きな引き金になったのは福島の原発事故です。反対デモを起こした人々は、日本で東日本大震災に伴う原発事故が起きるまで原発がそんなに危ないものだと知らなかったと言っています。

中国において、核は軍事開発、つまり核兵器を念頭においた軍事の話であり、さらに国家戦略としてのエネルギー政策の一環ですから、国民は口を出してはいけない、知らしむべからずという政策をずっととってきました。そのため、これまで中国の一般の人々のあいだでは核や原発に対する問題意識は乏しかったのです。それが福島の事故が起きたことで、核や原発について、人々の意識が高まりました。原発事故をはじめ、日本の過去の公害問題などにも強い関心を持っています。ネットでいろいろなことを調べて、中国政府が伝えていなかった負の面を知るようになっている。人々の環境意識の高まりと広がりに政府が対応できていないのが見て取れますし、今後、彼らの動きが中国の政策に与える影響はもっと大きくなっていくと感じています。

今、中国の環境問題を動かしている要因

何が中国を動かしうるのか、そのプレイヤーについてお話しします。

まず、政府です。二〇一二年に発足し、一三年までに人事を整えた習近平《しゅうきんぺい》体制ですが、そのスローガンの中に「美麗中国」（美しい中国）という言葉が入りました。五年ごとに開催される共産党の党大会では、向こう五年の計画が決められるのですが、こういうスローガンがつくられたのは初めてなんですね。中国の民衆が公害の発生や、その恐れがあるだけでもデモに訴える。時には暴力的な騒動になる。そういう状況が政権を支える社会の安定にとってマイナスだという意識が非常に強くなったからだと思うんです。

政府は今後五年間で、PM2・5などの大気汚染対策に対して、一・七兆元（約二八兆円）を投じると言っています。かなりの金額ですが、今の中国にはそのお金はあると思います。

次にインターネットを通じた情報や民意の表現です。現在、中国国内で六億人がネットユーザーになっています。もちろん、当局に都合が悪い言葉はどんどん消されていきます。たとえば「天安門事件」という言葉は今も使えません。しかし、一方で、スマートフォンで写真や動画を撮影して、「ここに汚染が広がっています」といった情報が飛び交っています。情報の広がりが公害の抑止力になっていくこともあると思うんです。中国の人たちも、隠語や絵文字を使うといったさまざまな工夫を施して発信しています。六億人のネットユーザーが、何か不審があれば告発する可能性を持つことがプレッシャーになり、政治や政策だけではなく、企業の行動も変えうることもあるでしょう。

三つ目の可能性として考えうるのは、NGOなど民間の力です。中国でNGOが人権や自由、民主主義の実現を掲げて組織を運営しようとすると、政府から規制を受けますが、環境問題に徹して取り上げる場合は、あまり問題視されません。政府の環境保護部門の人手不足ということもあって、政治体制に対する批判を控えれば環境問題についてのNGOは他のテーマに比べてつくりやすいと言えます。先ほどお話ししましたガンの発生率が高い河川流域でも井戸を深く掘る運動をしたり、健康被害の調査を行ったりしているNGOもあります。

また、日本企業とも関係があるNGOの活動として、こんな動きもあります。大企業の直属の工場であれば排水などをはじめとした公害対策はとっているでしょう。しかしその大企業の工場に何か商品を卸している小さな工場は、対策が完全と言えないところもある。そういう状況を黙認している大企業に対しては、取引先にも対策を講じさせる責任を要求し、商品の不買運動をする人たちもいます。彼らは、取引先の環境管理を徹底するようにアップルも動かしました。こんな市民運動をはじめ、民間の力がこれからの中国の状況を変えていく力になりうると思います。

中国の環境問題を動かす今後の可能性

今後、中国にとって、環境をめぐる人々の動きが更に大きなものに広がりうるのかどうか。つまり社会を変えていくような影響力のある動きになるのか。中国の人たちが、政府の政策や企業の環境改善に対する振る舞いを監視し、ネットなどを使い告発したり、デモや不買運動といった行動を起こしたりすることで、人々の声や行動が国を動かすという意味での中国の「民主」の幅は広げられるのか。それともやはり環境問題をスローガンにして巨額を投入する政府が、状況改善を主導することが最大の力となるのか。これからの中国を動かす要因は何なのかを考えてみます。

ひとつは選挙というものが考えられますね。この政治家の政策は環境問題が重視されていない、だからもっと環境問題を大事に考えている人に投票して、変えていく。それが民主主義国家のあり方でしょうが、中国の場合は選挙はありませんので、そういった方法はとれません。

もうひとつは裁判です。現在、当局の取り締まりを受けながら、公害の被害者の救済のために動いている大学の先生や弁護士たちが各地にいて、環境裁判が行われています。ですが、先ほどお話しした湖南省や広東省の土壌汚染の村の病院の例と同じで、裁判も地方の裁判所に持っていくと、やはり地方政府の息が強くかかっていますから、訴えは棄却され、裁判にならないケースがほとんどです。あるいは裁判になったとしても、和解に持っていかれます。和解と言えば言葉はいいですが、被害者は、政府側の都合がいいところで折り合いをつけさせられ、被害と公害の因果関係は確定しないまま、雀《すずめ》の涙ほどの見舞金を渡されて終わりということが、あちこちで続出しています。司法の独立はありません。

もうひとつ、言論の自由がないことも大きな問題です。すべての中国のメディアが共産党の宣伝を書いているわけではありません。独自の内容を伝えようと頑張っている人たちもいます。さらにネットの世界においても、権力を監視していこうという動きは強まってきています。しかし、言論の自由は保障されていません。実際には書いた内容によっては、いつ捕まるかわからないという現実があります。環境問題の取材でも、私の知人の中国人の記者は当局に捕まっていますし、外国のジャーナリストが捕まることもあります。

選挙もない、司法の独立もない、そして言論の自由も確立していないなかで、開発独裁の国が豊かになりさえすれば環境問題も解決するのか。それとも、問題の解決を迫られるなかで、こうした「民主」が実践されるようになるのでしょうか。

ニューヨークに拠点を持つ外交問題評議会というシンクタンクのアジア研究部長のエリザベス・エコノミーさんは、中国の政治体制、民主化と環境問題も研究しています。彼女の研究結果によると、独裁下の専制国家では、環境問題はうまく解決しないそうです。ただ、中国のようにここまで経済が成長を遂げ国家がお金を手にした専制国家がかつてあったかと言うと、なかった。一方、自らの命や健康という最大の「財産」を侵される公害に対して、人々が声をあげたり、連帯することで、政治体制が少しずつ変わっていく、「民主」の幅が広がっていく可能性もあると思います。今まで見てきた物差しが中国にあてはまるのかどうかということも含めて、今後、政治体制と環境の問題は、中国の政治の行方と相まって、更に注目を集めていくのではないかと考えています。

日本が環境問題でできること

それでは最後に、日本には何ができるのか。どのようなチャンスがあるのかをまとめてみたいと思います。

近くに公害に苦しむ人がいれば助ける。これは、人としての基本だと思います。そのうえで、あえて言うなら外交交渉の上では、相手の弱みは利用できるものだと思います。現在、中国の環境問題は中国の弱みです。もちろん、日本も福島の原発事故の問題がありますし、これまでの公害すべてを解決ずみとは言えません。それでも日本では官民問わず、悩み苦しみながら、解決のための努力もしてきたし、対策や技術も生み出し、少しずつ公害を克服してきた経験を持っています。ですから今起こっている中国の環境問題に日本の経験は、中国にとって有益でしょう。隣国、日本にとっても中国の空気、水、土の汚染はひとごとではありません。

そこでは現在の両国政府どうしの対立関係は脇《わき》において、民間にせよ、政府にせよ、日中友好といった標語のような漠然としたものではなく、環境という明確なテーマを通じて、より具体的な対策や技術、法整備などについての対話をすることで、現実を見すえた関係が生まれていくのではないかと思います。その過程で、日本企業の技術を売るという形で、目に見える日本の経済利益につながる可能性があります。

現在、日本は環境や安全をこれからの自分たちのソフトパワーとして対外的に打ち出していきたいと考えていると思うんですが、そのためにも国内での対応が重要です。外交というのは、内政の延長です。外面《そとづら》だけよくするのは無理です。たとえば、私も中国から日本に帰ってくると、その空気のよさに気分がよくなります。だから中国の人が日本に来てすぐ微博《ウエイボー》で「日本は空気がいい」と書き込む気持ちがよくわかります。日本の環境を守ることが、日本の環境技術に対する信頼へとつながると思うんです。外部からのイメージというのは、宣伝だけでつくり出せるものではありません、中で起こっていることが外に見えていて、それを基盤に生まれてくるものではないでしょうか。そう考えると、原発の問題、気候変動への取り組み、再生可能エネルギーの活用や食品の安全、さらには過去の公害病で苦しんだ方々への政府や社会のかかわり方など、日本の内側の問題をきちんと処理していくことが、日本の環境や安全の質の高さにつながり、それが環境だけに限らず、今後の日本のソフトパワーを生み出す要因になるのではないかと感じています。

【Q&A】

PM2・5はいつ解決できるのか

Q　歴史を遡《さかのぼ》ると、イギリスや日本も大気汚染をはじめとした公害を乗り越えてきました。それでは中国は、PM2・5などの公害をどのくらいの期間で解決できるでしょうか。

吉岡　二〇一三年の初めに中国の新聞が、イギリスがかつての公害をどのように克服したかといった大特集を組んでいました。イギリスの公害克服の経緯を追ったり、産業革命時と現在の中国における公害の状況を対比したりしていましたが、結局、中国がいつ公害を克服できるのかはわからないと結論づけていました。

先ほど申し上げたように中国政府は今後五年間で一・七兆元のお金をかけて、PM2・

5などの大気汚染対策に取り組む方針です。さらに、長期的には二〇三〇年には環境基準を達成する目標があります。二〇三〇年と言えば、中国の経済規模が米国を上回っている、と、米国のＣＩＡ（米国中央情報局）系の組織や中国の政府系の研究所が予想しています。その規模の大国が今のまま汚染をまきちらし、エネルギーを浪費していたら、地球がもたない、と言えるかもしれません。

中国における民衆の力の醸成

Ｑ　デモが起きて地方政府が事業を中止にするといった話がありました。中国でも民衆の力というものが生まれてきているのだと思いますが、今後、そういった力で人権状況がよくなっていくことは期待できるのかを聞かせて下さい。

吉岡　民意が中国の政治を動かす幅は、以前よりは大きくなっていると思います。インターネットや、それを通じて集まった人々によるデモの力は増しています。そして近年、中国では、人々が自分たちが政策決定にかかわる力を少しでも広げようと、公民社会と呼ばれる自分たちが主役の社会、つまり市民社会をつくろうとする運動が盛んになっていました。習近平政権になってから取り締まりが強くなったため、こうした運動をしていた人が、最近、何人も逮捕されています。ですから現状、そうした運動が後退しているという見方もあります。それでもネットを通じて人々の声が徐々に外へと出る動きはとまりません。

またデモは、あちこちで頻繁に起こっています。ただし、暴力的になりがちな状況が健全かどうかと考えると、どうでしょうか。選挙もないし、公平な裁判もない。そして何か問題が起こって公聴会などが開催されても、最初から政府寄りの結論が用意されていてうまく機能しているわけでもない。だから暴力的に暴れてしか自分たちの思いを訴える手段がないと考える人がたくさんいます。環境に限らず、です。

北京の共産党から、穏やかさを保つようにといった指示が地方の共産党に出ていますので、デモが多く起こると、その地方役人の人事評価が落ちることになります。そのため特に暴力的なデモが起こると、地方政府は当事者たちを弾圧するか、わかったから、もうよしてくれと降りる。いずれもコミュニケーションはありません。環境対策ではなく、保身です。計画の情報を公開し広く民意をとり入れる形で事業を進めていく、という手続きにはまだ遠い。もしデモが起こらなければ、そのまま何事もなかったかのように改めて同じような事業が進められることも多いのが実情です。

しかし今後は、環境問題であっても、労働者の権利の保護や言論の自由を訴えるようなより政治的な問題であっても、デモやネットを通じて人々が声をあげていく流れは行きつ戻りつしながらも拡大していくでしょう。自分の住まい、そして自身の健康や財産を守りたいという個人の権利意識は高まることはあっても逆戻りはない。意見を表に出して政治を動かしていくことは、一部の市民運動のリーダーを捕まえても、とまるものでもなく、社会を少しずつ変えていくのではないか、と感じます。

日中間の環境問題への動きの可能性

Q　実際に日本には黄砂やPM2・5が飛んできています。このままでは、どういうふうに影響が拡大していくのでしょうか。また、日中間の環境運動のリンクした動きは、今後、展望できるのでしょうか。

吉岡　PM2・5の影響は、二〇一二年よりは一三年の方がたくさん日本にも飛んできていると推測されています。中国での大気汚染が改善しないかぎり、今後も増えるとしか言いようがないですね。日本も中国の環境問題に何らかの形で関与してその量を減らすことを考えた方が建設的でしょう。

隣に変なものを流している人がいて、こちらへ飛んでくるのが嫌だったら、引っ越すか、その隣の人をどうにかする方法を模索するしかありません。隣人としてひとりひとりの善意で行う場合と、ビジネスや外交で対応する場合などさまざまな接点があります。そのとき、韓国とどういうふうに協力するのかも、課題です。日中両国間のみならず、北東アジアにとっても重要な課題であり、機会でもあると思います。

黄砂の問題は、日中韓の環境大臣会合などで、韓国は中国に対して、日本以上に注文をつけてきました。何より近いですから。黄砂にしても、PM2・5にしても、日本と韓国とのあいだで、中国に対してどういう有効な提言ができるのか、または協力ができるのか、こうした話し合いを韓国とできるはずです。空も海もつながっています。日韓が中国に対して一緒に行動した方が改善はきっと早いでしょう。日韓が組んで考え、動くことは関係の安定にもつながります。今は、韓国と日本の外交関係が悪化しているので、なかなか難しいかもしれませんが、日中韓の環境問題に対するリンクは、民間ではすでに少しずつ始まっています。

日本と中国のあいだでも、かなり前から環境問題は互いにとってのキーワードになっていました。NGOや研究者、公害の被害者の交流など、さまざまなつながりがあります。

ただ、全部が全部ではないのですが、日本のNGOは資金不足のところが多い。欧米の大きなＮＧＯのように、中国のＮＧＯにお金を寄付したり、あるいは共同事業をするから一緒に動こう、お金はこっちで持つといったりするようなことが難しい組織も少なくありません。それでも隣国ならではのさまざまな交流ができると思います。資金だけでない結びつきを支えるアイディアがどんどん出てくればいいですね。日中間の環境問題にかかわる協力は、まだまだ発展の余地があると思います。

第六回　メディア激変は民主主義の味方か敵か

一色　清

〔いっしき・きよし〕

朝日新聞社教育コーディネーター。一九五六年、愛媛県生まれ。一九七八年朝日新聞社に入り、福島、成田支局員、経済部記者、週刊誌「アエラ」編集部員、経済部次長などを経て、二〇〇〇年「アエラ」編集長。「be」エディター、出版本部長補佐などを経て、二〇〇八年一〇月から二〇一一年三月までテレビ朝日「報道ステーション」コメンテーター。二〇一〇年六月からニュースを論じる有料ウェブサイト「WEBRONZA」編集長。二〇一二年一月から二度目の「アエラ」編集長を務め、二〇一三年六月から現職。

（講義日　二〇一三年一二月一七日）

【講演】

これからのメディアの問題とは

一色清です。本日はよろしくお願いいたします。今日はメディアをテーマにお話しいたしますが、メディアの人間がメディアのことを語るというのは、なかなか難しいところがあると考えています。ただ、私は朝日新聞社に入社して三五年になりますが、新聞で二〇年、出版で一〇年間仕事をしました。それからテレビの「報道ステーション」に二年半ほど出演させていただいて、その後は有料のウェブメディア「WEBRONZA」の編集長を二年ほど務めました。ですから新聞社に勤めている人間の割には、新聞だけに偏らず、比較的いろいろなメディアについて客観的に話ができるのではないかと思っています。それでもどこまで客観的に話せるのか、あるいはみなさんにどういうふうにそれを受け取っていただけるのか、少し不安な思いも持っているのですが、頑張ってお話ししたいと思います。

いわゆるネット社会の急激な進展に伴い、メディアの環境が大きく変わり、新聞社やテレビ局といったオールドメディアと呼ばれる存在が衰退する方向性にあるととらえられています。そして将来、今もそうかもしれませんが、ジャーナリズム自体も同じように衰退していく可能性があるのではないかと私は考えています。

若い人たちを中心に、今、ニュースはネットサイトの見出しだけを見て、それでよしとするような人が増えている気がします。更に記事をはじめネット上にあるものの多くが無料であるといった意識が蔓延《まんえん》するなかで、今後、プロのジャーナリストは存在し続けることができるのか。そして、もしプロのジャーナリストが存在し続けることができなくなったとき、社会にどのような影響があるのだろうか。今日はそういう問題意識を持って、みなさんと一緒にメディアについて考えていきたいと思います。

フラット化する社会

まず、メディアとは何か、その定義から入りましょう。メディアとは、日本語で言えば媒介とか媒体であり、情報の発信者と情報の受信者をつなぐようなものを指しています。ですから広義でとらえるとメディアというのはとても広い範囲のことになる。たとえば今、私が話している言葉というものもメディアであると言えます。商品というものも、それがある人からある人へ渡されるとき、そこにメッセージが込められていれば、これもメディアであると言うことができます。こうして広義にメディアのことをとらえ始めると、かなりのものがメディアになってしまいますので、今日、メディアと言ったときは、ニュースを伝える媒介、具体的には、新聞やテレビ、ラジオ、雑誌、本、それからネットといったものを表すと考えて下さい。そのなかでネットは長く見ても二〇年、日本では一九九〇年代半ばから本格的に出て来た新しいメディアです。それ以外のメディアはもう少し古いものですので、ここではオールドメディアと呼びたいと思います。

では最初に、ＩＴ社会の現状について、私の認識をお話しします。私は、今は人類の文明史の中で大きな変革期であると思っています。産業革命以来という言い方をする人もたくさんいますが、その認識は当たっているのではないでしょうか。蒸気機関の発明によって、動力革命が起こった一八世紀から一九世紀の前半くらいの第一次産業革命、その後の一九世紀の終わりから二〇世紀の初めにかけ、電気の普及によって起こった第二次産業革命。そして今のネット社会の進展は、恐らく第三次の産業革命であると言っていいと思います。しかも第一次、第二次の産業革命よりもっと大きな社会の変化を生む変革になる可能性もあるのではないかと思っています。

この進展の本質は、さっき言った「媒介」の消失です。リアルな世界の媒介というものがどんどんなくなっていく、衰退していく、もしくは縮小していく状況があります。ネットがリアルな媒介を肩代わりしていくのです。

たとえば会社でも媒介が必要なくなるという事態が起こっています。どういうことかと言うと、中間管理職というのは、上からの指示を下へ、下からの報告を上へと伝えることが主な存在理由ですよね。昔、電話しかないような時代には、経営側と現場とのコミュニケーションの媒介として、中間管理職の役割は必要でした。それが今のネット社会では、コミュニケーションがいくらでも直接、瞬時にできるようになってきている状況がある。そうすると、経営側と現場の人とが直接やり取りをすることも可能になってくるわけで、中間管理職の役割が小さくなってきているところがあると思います。みなさんも聞かれたことがあるかと思いますが、「組織のフラット化」という言葉があります。媒介者としての管理職は必要なくなり、会社組織が、経営者の下にフラットに人を配置して成り立っていくような方向に動いていくことです。このフラット化こそ、今のＩＴ社会のキーワードでもあるのです。

グローバル化とＩＴ化というのはたいへんよく似ていて、お互いに絡み合って進んでいるとも言われています。グローバル化は賃金の格差や教育の格差などを地球規模で縮めていきます。両者ともに世の中をフラット化していくという特徴があります。それ自体はけっして悪いことではないと思われがちですが、フラット化が進み、また、リアルな形の媒介がなくなっていくことで、世の中には大きな影響が出てきます。

科学技術の発展と今後の社会

近年、科学技術の発展が人々の雇用を奪っていくような環境は、社会にとってけっしてよい状況ではないのではないかといった議論があります。

たとえばここ数年のうちに出版されたいくつかの本を挙げると、マサチューセッツ工科大学のエリク・ブリニョルフソンとアンドリュー・マカフィー両氏の共著『機械との競争』には、機械と人間が競争して、機械が人間に勝ち、人間の雇用が奪われていくのではないかといった内容が書かれています。楡《にれ》周平さんの『「いいね!」が社会を破壊する』は、IT社会をフェイスブックの「いいね!」という言葉で象徴していて、それが社会を破壊し、雇用を奪っていくといった内容です。佐々木俊尚《としなお》さんの『レイヤー化する世界』でも、今の方向で社会のあり方が進展すると雇用が失われていくといったことが書かれています。

最近になってこういう本が出てきた背景は、ＩＴ化によって雇用が奪われるような動きがより具体的になり、目立ってきたからなのではないかと考えています。たとえば最近話題の３Ｄプリンター――立体のデータを入力することでその形が成形できるという技術です――が進化していくと、今まで職人さんがつくっていたもののかなりの部分を代替することができると言われています。

今後、実際にいろいろな場面で雇用が奪われる事態は起こってくるでしょう。もちろん技術革新によって創出される雇用もあると思いますが、つくられる雇用は、失われる雇用より少ないのではないかという懸念が現在の議論の中心です。私もその懸念を持っていて、今のままの社会で人々がほんとうに幸せになっていけるのか、疑問に思っています。

ネットの持つ優位性

メディアも現在、その技術革新による構造の変化の只中《ただなか》にあります。先ほど、第三次の産業革命期にあると言いましたが、メディアについてよく言われるのは、グーテンベルクの活版印刷の発明以来の大変革が起こっているのではないかということです。グーテンベルクの活版印刷の登場によって、それまでは手書きのものばかりだった『聖書』が社会に多く出回るようになります。そして『聖書』を読むことが容易になったことで、多くの人がその内容を知り、信仰について考えることで、当時の教会は批判され、宗教革命が起こります。グーテンベルクの印刷革命によって情報の流通量が飛躍的に増えたことで、社会が変化したわけです。

総務省の予測では、二〇〇五年から二〇年にかけての情報量は三〇〇倍以上になるであろうと推計されています。映画やラジオ、そしてテレビが登場した以上に飛躍的な情報量の伸びを見せている今のメディア状況は大きな変革期であり、グーテンベルク以来と言われる所以《ゆえん》です。

このメディアの世界に登場してから十数年経《た》つネットというものは、旧来のオールドメディアに対し、技術的には大きな優位性を持っています。

その優位性は九つあると考えています。ひとつは双方向性です。新聞であれば、双方向性は投書欄くらいしかありませんでしたし、テレビは基本的にほとんど双方向性を持っていません。しかしネット上では、コメントを自由に書き込むことができます。

次に即時性です。これは何か出来事が起こったらすぐに伝えられるということですね。テレビも大事件が起こると速報で伝えます。ですがネットの場合は、たとえば竜巻が起これば、「すぐ向こうに見えている」と居合わせた人が発信することができる。ですからテレビ以上に即時性のあるメディアであると言えるかもしれません。

三つ目は随時性と呼ばれるものです。新聞でしたら締め切りにあわせて原稿を書き、印刷物をつくります。テレビも番組の放送予定は決まっていますから、それにあわせて情報を処理していきます。でもネットには締め切りがありません。いつでも書き込んだり書き換えたりすることができます。

それから四つ目は無限性です。新聞であれば新聞紙というスペース、テレビであれば時間というスペースの区切りがあります。一方、ネットの場合は、そのスペースが無限にある。分量や時間といったフォーマットを気にしないで、いくらでも記事や番組をつくることができます。

五つ目は保存性です。新聞も切り抜いたりできますが、場所もとるし、紙ですから保存にも気をつけないといけません。けれどネットは電子データですから、いくらでも劣化せず溜《た》めていくことが可能です。

そして大きいのが検索性。新聞の場合、「朝日新聞」であれば、かつて調査部という部署にテーマごとの膨大な切り抜き帳があって、調べたいことがあるとそれをめくり、過去の記事を調べていたんです。しかし今はグーグルやヤフーで検索すれば、あっという間にさまざまな情報に辿《たど》りつける。検索性というものは、ネットの大きな強みですよね。

また表現性においても優位な部分があります。新聞は、活字と写真の組み合わせによって構成されています。テレビの場合は活字を映すことも可能ですが、基本は映像、動画ですよね。しかしネットは、テキストも音声も映像も動画もすべて入れ込むことが可能です。

八つ目は携帯性です。少し前までは新聞の方が携帯性はあると思っていましたが、スマートフォンやタブレットの登場でそれも変わりました。電車の中でみんながスマートフォンで何かを見たり、読んだりしています。そんな情景を見ると、今や携帯性もネットの方が上回っていることを痛感します。

ネットには、このような優位な点がありますが、更にその優位さを確かなものにしているのが、無料性です。ネットの情報の大概が無料であることで、若い人たちがネットを見ることを選択してしまうのもむべなるかなと思うところはあります。

新聞の現状とこれから

ここからは、オールドメディアである印刷媒体の現状、特に新聞について見ていきましょう。

日本新聞協会の「新聞の発行部数と世帯数の推移」の調査結果によると、一般紙とスポーツ紙をあわせ、二〇〇〇年から一二年までの合計の部数は、毎年、だいたい一％ぐらいずつ減っているんです。新聞社は、これがもっと急激にどこかのタイミングで減ってくるのではないかという恐れを常に持っています。

それからＮＨＫの「国民生活時間調査」によると、二〇一〇年の平日に新聞を読んでいる人の割合は、二〇〇〇年の調査から一〇年間で八％減っています。年代別に見ると、二〇代、三〇代の減り方が大きいです。逆に六〇代、七〇代はあまり減っていません。ここに若い人が新聞を読まなくなっているという結果がはっきり出ているのではないでしょうか。

可処分時間という考え方があります。人には一日二四時間の中で、眠ったり、ご飯を食べたり、仕事をしたりという基本的にほかに割くことができない時間があり、それとは別に自分の自由になる時間がありますね。きっと多くの人は数時間しかないと思いますが、それを可処分時間と言います。メディアが多様化すればするほど、あるいは娯楽が多様化すればするほど、可処分時間の中でメディアに費やす時間の割合が減るというのは、いたしかたないのかもしれません。それでも若い人には、新聞を読む時間を確保してほしいと強く思っています。

では今、その新聞とネットの関係がどのようになっているのかをまとめてみましょう。

一九九五年八月、「朝日新聞」は「アサヒ・コム」を開設して、ネットでのニュース配信を開始しました。九五年ごろから、オールドメディアによる情報発信の独占期が変化し始め、ネットで無料の記事も読める時代になったんですね。その後、二〇〇〇年ぐらいまでのあいだは、オールドメディアがネットをどのように使うことができるのか、あるいはネットでの広告収入が大きなものになるのか、試行錯誤していた時期だったと言えると思います。それが二一世紀になると、やはり紙の新聞とネットは競合するもので、これは大変だという危機感が新聞をはじめとしたオールドメディア側に高まり、逆にネット側の人たちはオールドメディア何するものぞという意識でその優位性をより強化してきたのが二〇一〇年ぐらいまでの時期だと思います。

そして今起こっているのは、ハイブリッド（融合）です。二〇一〇年、日本で最初に「日本経済新聞」が、ネット版で課金することを始めました。今は「朝日新聞」も「朝日新聞デジタル」という有料サイトに切り替わっています。紙の新聞とネットでの情報、両方でお金をいただこうというビジネスモデルですが、それだけをもってハイブリッドと言っているわけではありません。取材で動画も撮影して、紙面にはスチール写真を載せるけれど、ネットでは動画を流すといった方法もありますし、ツイッターで記事についてコメントしたりすることで双方向性をもっと高めようと働きかけたりもしています。また、紙上インタビューは、有限なスペースのため、分量が限られ、その内容が要旨だけになってしまう場合もあります。ですから分量を気にしないでいいネットでは全文掲載するなど、紙面を読んで、もっと得たい情報がある人はネットにアクセスしていただいて、更に情報を得ていただくといった使い方もどんどん増えています。

今は印刷媒体もネットも双方でその特長を活《い》かし、共存していきましょうという状況にあると思います。ただしここで安定するとは思えません。これからも紙の印刷物が減り、ネットにおける情報発信の方が増えていくようになるという方向性は変わらないでしょう。ではどこで安定するかという将来の姿がどうも見えてこない。将来的に印刷媒体は果たしてなくなるのか、そしてもしなくなった場合、どういう社会になるのかということは、誰にもまだ見えていません。

なぜそれが見えにくいのかと言うと、ネットは基本的に無料であるという意識で成り立っているためです。

ですから記事閲覧の有料化に新聞社が挑戦しても、世の中の人たちは、ネットにおいて別の同じような記事やテキストが無料で情報として得られるのだから、無料の方を利用すればいいというふうになります。しかしそれでは印刷媒体を有料で販売しているメディアは、ネットでの収入を期待できず、紙の印刷物の販売が行き詰まってしまえば、生き残っていくことができません。印刷媒体が生き残れなければ信頼できる情報を誰が発信するのかという根本的な問題が発生しますが、それは後で考えたいと思います。

情報は無料なのか

著名な文化人類学者である梅棹忠夫《うめさおただお》さんが、一九六三年に「情報産業論」という記事を書かれています。その後、その先見性が話題になった記事なのですが、梅棹さんはそこで、情報に値段は付けられないと書いています。では、どうやって決めるのかと言えば、それはお坊さんに対するお布施のようなものだと言っています。お坊さんのお経をありがたやと思えば、檀家《だんか》はその思いを込めてお布施として渡す。お布施の額はそういう思いやしきたりの中で相対的に決まっていくのであって、情報もそれと同じで基本的に値段というものはないといったことを書かれているんです。

現在のネット社会で情報の値段が無料になっているというのは、どこにでも情報がたくさんあるから、ありがたくなくなって、お布施を渡す必要がない世の中になっているということなのだと思います。ただ、その情報の源はオールドメディアのジャーナリストが苦労して取材執筆したものが多いのです。それでは、これからお布施がなくなってどうやってジャーナリストは生きていくのだという問題になっていくのですが、私はこの有料か無料かどうか、そしてお布施という考え方はとても重要なポイントなのではないかと思っています。

情報のあり方の変化

今起こりつつあるコンテンツの変化——記事内容、つまり伝える情報の内容の変化ですね。それらをキーワードとして取り上げ、今後のジャーナリズムがどうなっていくかを考えていきたいと思います。

まず、アンバンドリングというキーワードです。これは要するに、バンドリング（結束）を解き放つ、バラバラにするということです。これまでの新聞は、紙に印刷された記事の集合体としての新聞というひとつのパッケージとして成立していました。ですがネット上では記事の一本一本がバラバラに流通していますね。たとえばヤフーニュースで取り上げるのは、「朝日新聞」の記事すべてではありません。ヤフーが必要と考えた記事を、「朝日」のこの記事、「読売」のこの記事、どこどこの記事と一本一本ネット上から集めて、構成されています。

どうしてそうなるかと言うと、ネットというのは自分の関心のあるところだけを拾い読みしていく特性を持つメディアだからです。待っていて向こうから与えられるわけではなく、ネットは自分からかかわっていかないといけないものですよね。そのため記事もパッケージである必要はなく、読者の興味がありそうな内容のものを中心に集めてくることが求められます。しかし、それでは自分の関心のあるものばかり掘っていくことにもなり、それでいいのかとも思います。

二番目はカスタマイズです。これも今のメディア環境でよく聞く言葉ですね。つまりお客様の好みにあわせてというサービスです。「朝日新聞デジタル」でも、マイキーワードという自動記事収集機能があります。たとえば就職活動中の学生が、入社したいと考えている企業名を、マイキーワードに登録しておくと、そのキーワードが出てくる記事がチェックされます。アマゾンで本を買うと、それ以後、あなたがお好みの本ではないですかと、買った本と関連がありそうな本を紹介するメールが来たりします。これからは記事についてもそういった配信が行われるのかもしれません。学校給食のように、いろいろな栄養素のものを組み合わせ、バランスよく食べて身体にいいようにと提供されてきた状況が、好きなものだけ薦められるようなもので、そこには功罪もあると思います。

もうひとつはパーソナリゼーションで、これは組織より個人ということです。ネット上では、「朝日新聞」よりも、「朝日新聞」の記者の誰々が書いた記事というように、個人に対する関心が高くなっています。ホリエモンこと堀江貴文《たかふみ》さんのメールマガジンは、堀江さんご自身が以前のインタビューで明かしていましたが、月額八五〇円で一万五〇〇〇人ほどの会員がいるそうです。すると月に一千数百万円の売上があり、年間にすると一億数千万円の売上となります。「朝日新聞デジタル」の方が売上は多いのですが、そこにかかわっている人数はきっと比べものにならないくらい「朝日」の方が多いわけです。

こうしたキーワードが示すことは、ネット社会の人々は、組織でつくっている「これを全部食べたら栄養バランスがいいですよ」といったニュースの集合体についてはお金を払う気はないけれど、自分の関心や書き手の個性というものについてはお金を払ってもいい場合があるという姿です。

ジャーナリズムの衰退の先

このようなコンテンツの変化は、社会にどんな影響を与えるでしょうか。

職業ジャーナリズムの衰退が起こってくると思います。先に述べたようにネットのニュースサイトがニュースを集約するシステムについて、アメリカではアグリゲーション、日本語にすればつまみ食いといったニュアンスの言葉を使います。サイトは自社で記者を抱えることなく、いろいろな新聞社やテレビ局のネット上のニュースを集めて掲載するだけだからです。

日本のニュースサイトの編集には元新聞記者がかかわっていたりして、興味深いノウハウを持つサイトも確かにあります。ですが基本的に取材をする記者を抱えているところはほとんど存在していないのです。アメリカの場合も、たくさんの記者を抱えているところはほとんどありませんし、記者がいるニュースサイトもビジネスとして成立しているわけではなく、NPO（非営利組織）や篤志家の寄付に支えられることで継続しています。

ジャーナリストを多く抱えて成立するニュースサイトは、今のところ持続可能性のあるビジネスモデルにはなっていません。検索サイトとして広告モデルが成立しているサイトが集客のためにニュースも載せているというのが実態です。つまり自前で取材した記事をサイトに掲載するだけのニュース専用サイトでは、それに見合うコストを調達できないということです。ジャーナリストを養う基盤がどんどん弱くなっていった場合、何が問題になるのでしょうか。まず、第一次情報を誰が取材するのかということです。

第一次情報というのは、誰が、いつ、どこで、何をして、どうなったという情報のインフラとなる基礎的なニュースです。これを今はオールドメディアの記者たちが取材しているわけです。もちろん情報には、公的機関や企業、個人などが主体的に発表しているものもありますが、新聞社やテレビ局はその発表をかみ砕いたり相対化したりしてニュースとして発信しています。また、新聞社やテレビ局などが独自に見つけるニュースもたくさんあります。そうした基礎となる情報を元にして週刊誌の記事が書かれたり、ネットメディアが加工したりする状況があるわけで、ジャーナリズムが衰退すると、当然その第一次情報をどう得るのかという問題がまず出てくるでしょう。

次に調査報道を誰がするのかという大きな問題があります。組織、個人にかかわらず、発表したい情報はありますね。その情報に公共性が伴えば、メディアも取材して発信するわけです。問題になるのは、発表したくないけれど公共性のある情報です。これまでのメディアは、十分ではなかったかもしれませんが、組織が表に出したくないような情報でも、調査報道によって社会に問題を提出してきました。これは取材に長い時間がかかったり、大勢の記者がかかわったりするコストのかかる仕事ですから、それを誰が担うのか。アメリカなどでは寄付文化もありますから、お金持ちがお金を出したりして調査報道を守ろうといった動きもあるのですが、日本にはあまりそういった文化もありませんので、今後、難しい局面を迎えそうです。

ネットだけでは足りないこと

あとは情報の価値づけの問題があります。これだけ情報が溢《あふ》れていると、誰かがその価値の見極めをしないと、受容する側だけでその選択をするのは難しいと思います。ネットは情報の価値づけを嫌い、すべての情報をフラットに掲載します。もちろんそれもひとつの考え方ですが、私は、情報の価値づけ自体はあった方が便利だと思います。常に更新されていく情報の何が大事で、何がそうでないかというのはどんどんわからなくなっていく。それがネットの随時性でもあり、無限性でもあるわけですが、やはりどこかで有限な区切りや枠組みがあった方が、きちんと伝わりやすいと思うんです。

先ほどネットは関心のある情報をつまみ食いするメディアだと言いましたが、そこから生まれるのは公共性と信頼性のある情報が喪失する可能性です。これはジャーナリズムの喪失と同じようなことかもしれません。ある日の「朝日新聞デジタル」へのアクセス数のトップテンを見ると、紙面での一面に載っている記事はひとつもなくて、紙面では小さな記事ばかりなんですね。でもネットではアクセス数が多い。つまりネットの人たちのニュースに対する関心と、新聞を読む人たちが目にしているニュースは、かなり違ったものになっている。ネットの一般的な読者は、瞬間的に関心のある、刺激があったり、芸能やスポーツなどの柔らかかったりするニュースだけをクリックしていく。それでアクセス数が増えると、ネットでは、そういった内容の記事を掲載する割合が増えるという循環にならざるをえなくなります。それでは社会を運営していく上で必要と思われる情報を目にしなくなってしまいます。

次の問題は、ネットはエコーチャンバーであるということです。エコーチャンバーは共鳴室という意味で、要するに自分たちの声が共鳴して大きくなっていくのがネットの持つ性質だということです。ソーシャルメディアなどは特にそうですが、お互い思考の似ている人たち同士で集まり、議論をしています。そうすると、そのなかで盛り上がって心地よくなり、より過激になったり、強硬になっていくといった傾向があるように思います。

またネットというのは、記述内容が玉石混淆《こんこう》です。誤報や強調、そして悪意の感情まで含んだ上で形成されているものがあります。ですからネットで書かれている情報をメディアで発信されたものとして鵜《う》呑《の》みにしてしまったりして、ほかの人に話したりすると、社会とのズレを感じるようなこともあると思います。

最後の問題として監視機能の弱体化があります。「朝日新聞」の特別編集委員の山中季広記者が、「記者が消えた街」というタイトルで、アメリカの元雑誌記者スティーブン・ワルドマン氏にインタビューしています。そこには、新聞社の倒産により記者が消えたアメリカの街では、たとえば市の事務方トップが給料を一二倍に上げていたことや、投票率が低下して、いつも現職が勝つようになったというようなことが書かれています。つまり市役所などに記者が出入りしている状況と、そうでなくなった場合の緊張感の違いがきっとある。そういう機能もオールドメディアにはあると思うんです。

メディアと民主主義の関係

こういったさまざまな問題の先に起こるのは、共有知識の喪失による対話不全という事態だと考えています。アメリカの政治学者キャス・サンスティーン氏は『インターネットは民主主義の敵か』で、「情報通信の選択数が劇的に増えれば、人々は自然にもっと多様な選択をするが、一般マスメディアの隆盛期には十分ある共有体験がそれゆえに減少することになる。これは、共有する体験や知識、そして仕事から生まれる社会的接着剤のようなものを、弱めることになる」と書いています。つまり関心のあるものだけに興味が集まり、知識が偏ることで社会の分断化が起こる。それを多様化ととらえることも可能ですが、サンスティーン氏は分断と考え、社会における共有体験や、共有すべき知識が欠落した状態が生まれるのではないかと言っています。ある知識や情報を共有している上で投票行動につながるのが民主主義には必要なことで、それを妨げる可能性のあるインターネットは、民主主義の敵ではないかという論なのですが、思い当たる点がありませんか。

メディアの自由がかなり保障されている社会において、今のままのネット社会が進むことは、民主主義にとって基本的にはマイナスなのではないかと私も危惧《きぐ》しています。ただし、たとえば「アラブの春」のような動きや中国といった、いわゆるメディアの自由が制限されている状況では、ソーシャルメディアやネットの情報は民主化に大きくプラスに働く面もあります。

ネットは関心のない情報は素通りされるメディアですから、そこでは公共性のある情報にまったく触れない場合も出てきます。そうすると、ネットをメディアの中心と考えている人たちが持っている偏りが現れてきます。ここ一〇年ほどで見ると、マスコミ報道に批判的な一部の人や、マスコミよりネットに書かれていることの方が正しいと思っている人が積極的にネット上にコメントを書くことで、ネットの中では彼らの考え方が社会の中心であるかのような空気が醸成されてきています。ネットの影響力は徐々に増してきていますし、世の中でもエコーチャンバー的な事態が起こっている可能性もあり、これは無視できない状況なのではないかと考えています。

ジャーナリズムの未来のために

ネット単独のメディアが取材力と公共性を持ちうるかと言うと、私は今の段階では持ちえないと考えています。では、どうするかと言うと、産業革命が起こった当時、イギリスでは機械に職を奪われることを恐れた人々が機械を壊す、ラッダイト運動が起こりました。そういった抵抗があっても産業革命は進んでいくわけですが、今もそういった考え方を持っている人たちもいます。しかし機械の打ち壊し運動を今さらしても仕方がないでしょう。最大の問題は、ジャーナリズムの仕事にかかるコストをどのように調達するかということだと思います。広告や課金による収入だけでは何百人もの記者を抱えて成り立つビジネスモデルの構築が難しい状況ですから、やはり将来的には梅棹さんがおっしゃるお布施ではないですが、スポンサー的な存在の社会貢献の意識の高まりが必要になってくるのではないかと思います。そのためにも社会的なコンセンサスが必要になってくるでしょう。この社会や民主主義を成り立たせるためにはジャーナリズムが果たす役割、現状ではオールドメディアが果たす役割が必要であるといった共通認識や信頼感が得られるようなメディアのあり方を模索するしかないと思っています。もちろん、オールドメディアがお布施をいただけるだけの信頼を得る仕事をすることが必要なのは言うまでもありません。

メディア学者のマーシャル・マクルーハンは、一九六四年に発表した『メディア論』で「政治学者もメディアの影響にはまったく気づいていない。時代や国を問わず、常にそうである」と書いています。これはテレビが登場してきた時代の言葉です。「それはひとえに、だれ一人として、メディアが個人および社会に及ぼす影響を、メディアの『内容』から切り離して研究しようとしなかったからである」。彼はここで、メディアはメッセージであるということを言っているんですね。つまりメディア自体の変化が社会に大きな変化を与えるんだということです。今もまた、その切り口は通じるのではないかと思います。大きく変化していくメディアのあり方自体が私たちの社会にどのような影響を与えているのか。今こそ、それを考えていく必要があるのではないでしょうか。

【Q&A】

どうやって情報の正誤を確かめるか

Q　今、いろいろな情報が溢れているなかで、一色さんは仕事やプライベートで、正しい情報か、間違っている情報かを、どういったところで判断なさっているのでしょうか。

一色　情報をどういうところで判断すればいいのかについては、ネット上に出ている情報は、ひとつの情報だけではなく、別のものでクロスチェックして確認するよう心がけています。あれっと思うような点が少しでもあったら絶対にしますね。そしてネットでのクロスチェックだけでなく、新聞や本でも確認します。そうすると正しいかどうかの確認もできますし、その情報に対しての知識も深まると思います。

多様な意見を取り上げるためには

Q　今のマスメディアも政府の発表をそのまま報道しているところはあるし、一方的な報道も多いと思っています。少数派や多様な意見がなかなか取り上げられにくい現状があって、でも、それ以上にネットの報道は一面的な部分を取り上げて特化してしまう傾向が強いことに、僕も危機感を持っています。どうすればより多面的な意見を拾えるようなメディアが存立できると思いますか。考えを聞かせて下さい。

一色　これはたいへん難しい問題で、新聞にはスペースの限界があるので、読者の意見を取り上げようと思っても、一定の分量しか割けないわけです。ただ、先ほども申し上げましたが、今のネットと紙の新聞が連動しているようなハイブリッドの形になると、比較的多様な意見も取り上げられるようになっていきます。しかもネットだけですと無制限で混《こん》沌《とん》として整理されにくい部分も、紙とネットであれば整理も可能になってくるし、そのうえ、分量的な制限もなく展開できます。

たとえば今、「朝日新聞」は実験的な試みを始めています。「朝日新聞」の印刷媒体の主力読者が六〇代の方だとすると、紙の新聞で二〇代の意見を記事に掲載することで、そこで彼らの考えを知ることになります。逆に二〇代の人たちには、自分たちの意見が載った記事と、それを六〇代、五〇代がどうとらえているかといった意見もあわせてネットで読めるようにする。そんな環境をつくることで、お互いの世代の意見がハイブリッドするようなメディア展開をしています。両方の世代の意見をカバーする試みで、今、ソーシャルメディアでも、なるべくさまざまな考え方をいろいろな方に届けるような方法を模索しています。

技術進歩の果てに

Q　メディアだけの話でなく、現代のあらゆる科学や技術というものが、同じような流れになってきていると感じています。便利だけど有害なものや、必要は発明の母ではなくて、発明は必要の母みたいなことがすべてにおいて進行している。だからひとつひとつのジャンルごとにどうにかしようとしてもできないのではないか。そういう大きな転換期として、今をとらえ、全体の方向性について考えなければいけない重要なときであって、何かそのための動きがあるのかと期待しています。

一色　そうですね。たとえばネットではいくらでも情報が発信できます。それは技術革新によるメディアの多様性につながるかもしれません。しかし情報過多はもしかすると情報がないことと同じ状態かもしれません。ですから結局、何らかの整理が必要になってきますね。しかしその整理の仕方も、人気投票のような形だけではよくないと思います。なぜならネットのポータルサイトでは、ニュースサイトを含む記事のランキングがありますが、このランキングという統計処理の作業はコンピュータにとっては簡単なものでしょう。しかしその羅列的な情報は、選択する余地がない人にとっての選択のためのツールであって、大きな落とし穴でもあります。つまりランキングがあることで、一位のニュースばかりが読まれるようになり、五位までが目につくように提示されていれば、六位以下はほとんど読まれることがない。ランキングは情報を整理するひとつの材料かもしれませんが、それがうまく機能するためには難しいハードルもある気がしています。

確かに必要は発明の母と言われますが、現在の社会の大きな変化の中には、便利ではあるけれど、有害なものも多く出てきています。しかし技術の進歩をとめることは非常に難しいですね。自分たちがやめたとしても、グローバル化した社会で経済的な発展が優先されたり、便利であったりすれば、技術の進歩が勝ってしまうわけです。それをどうやってとめたらいいのか、私にはまったく知恵がないので、すみません、残念ですけれど、今のところ、うまい答えは出てきません。

権力の監視機能をメディアはどう高めるか

姜尚中《カンサンジュン》　せっかくですので、私からも質問をさせて下さい。

メディアの激変と同時に、その激変がもたらしたさまざまな意識の変化や、社会の変化の中で民主主義も変わって来ていると思うんです。

最近、シドニー大学のジョン・キーン氏は『デモクラシーの生と死』という本の中で、旧来型の民主主義は、大きくはふたつにわけることができると言っています。ひとつは集会型の民主主義で、今、日本でもその可能性が改めて注目を集めている、〝デモ〟すなわち大衆的な示威運動を指しています。もうひとつは、古典的な代表制の民主主義です。

今、一方で代表制の民主主義に対しては、選挙時のアジェンダによって選ばれた代表が、その問題とは異なる課題で動き出したりすると、そのことに違和感を覚える人々が意識表明するためにデモなどの行動をとります。また、もう一方でネット上になぜこんなに人が集まったかというと、きっと既存のマスメディアは代表民主制を支えるメディアになってしまっているからなのではないでしょうか。ネット上に集まっている人たちは、代表民主制を支えるだけではなく、それを監視しているような意識がどこかにあるのではないかと思うんです。一色さんもいみじくも監視のことを取り上げられましたが、ジョン・キーン氏も、第三番目にモニタリング・デモクラシーという言い方をしています。

既存の主要メディアは、政治と言えば、これまでは国会など、代表制の民主主義ばかりを取り上げ、デモなどの動きをあまり追いかけてこなかった。今、マスメディアは民主主義も変化しているなかで、その動きに対応しきれていないと思うんです。ですから既存のメディアはどうやって監視機能をもっといろいろな形でつくっていくかということが問題なのではないでしょうか。

一色　ええ、それは大きな問題であると思います。そこでまず、これはまさに姜さんのご専門のところなので逆に伺いたいんですが、ネット社会の進展は、技術的には直接民主主義を可能にしていきますよね。インターネットによる選挙運動は先の参議院選挙から解禁されましたが、最終的にはネット投票まで視野に入っているのではないかと思うんです。だけどその動きがいいことなのか、どうなのか。今のネットにおける言説を見ていると、その偏り方に不安を覚えることがあるんです。そして、いわゆる直接民主主義による代表がさまざまな民意をくみ取る姿勢を示したとしても、民意を一〇〇%反映できない場合も当然あるでしょう。そしてその都度、一方に偏った政策にも陥りやすいし、そのための混乱も大きい場合がある。そういった可能性を説得力を持った言葉で示しながら、間接民主主義をアップデートしつつ継続していくしかないのではないかと思っているんです。

姜　私も一色さんとかなり近い考えで、代表制のデモクラシーを継続していくなかで監視機能をどのように強めていくか、既存のメディアのほかにもNPOをはじめ、多種多様な形でモニタリング・デモクラシーを形成していくのが大切なのではないかと考えているわけです。

そこで、二〇一三年の終わりに特定秘密保護法が成立して、一年で施行されます。メディアにいらっしゃる側として、これを前提にどういうふうにメディアと一般の読者、市民との関係をつくっていったらいいとお考えですか。人によっては、メディア関係者は覚悟が必要だと言います。私はそれはあまりにも暴論だとも思うんですが、同時に、やはり一般の市民とメディアとがこれを契機にもう少し近寄っていく必要があるのではないかという気もしているのですが。

一色　私もジョン・キーン氏が来日した際にお話を聞きにいきましたが、ウィキリークスやスノーデン氏のように政府の公表したくない秘密を暴いたりする姿勢を評価していました。モニタリング・デモクラシーとは、多様な人々の働きで監視機能を保持して民主主義を成立させることだと私は理解したんですが、今回の特定秘密保護法の成立によって、紙の新聞をはじめメディアは、政府や権力をチェックし、何か問題があれば調査、報道ができるのかが問われていると思います。姜さんは、覚悟が必要と言うべきではないとおっしゃりますが、調査であれ、報道であれ、すべきときにどこまでできるのか、その線引きが問題になってくるでしょうし、恐らく何らかの局面が出てくれば、きっと覚悟が問われることになるでしょうね。

あとがき

一色 清

東日本大震災から一年たった翌日、第一回の「本と新聞の大学」が開講しました。大震災の衝撃が、私たちの心にまだはっきり残っている時期でした。一年たったことで、社会が抱えている問題がよりはっきり見えてきてもいました。科学技術、資本主義、民主主義といった、私たちが信じてきた基盤をこれからも信じていいのか、という大きな問題があちこちで語られていました。「日本はどうなる」という開講のテーマは、そんな社会の空気を率直に表したものでした。

第二回の「本と新聞の大学」の開講は、大震災から二年半たった二〇一三年秋でした。一回目の開講時期とは、世の中の空気がかなり変わっていました。基盤への不信が消えたわけではなかったのでしょうが、とりあえず脇《わき》において、経済成長、防衛力の強化、教育への政治介入など「強い日本」を取り戻そうという浮き足だった空気です。

時の流れというのはそんなものだ、とシニカルに見る人もいるでしょうが、私たちはそうは思いませんでした。原発事故や津波被害について見聞きするにつれて感じた「社会のあり方への深い反省」を、そんなにあっさり脇においていいわけがありません。

そうした「社会のあり方」を冷静に考えるために、第二回のテーマは「世界の中の日本はどうなる」にしました。視点を少し遠くにおいて日本を見た方が、今知っておくべき日本の課題がよく分かると思ったからです。

六回の講義は、東北アジアの情勢、軍縮、歴史認識、世界経済、中国問題、メディア激変と続き、いずれも大きな視点で語られました。特に全体を通じて、中国、韓国と日本とのあいだで高まっている東アジアの危機的状況が強く意識されていました。「日本はどうなる」を考えることは「東アジアはどうなる」を考えることと密接だということだったのでしょう。

平日夜の二時間半、受講生のみなさんは、真剣に耳を傾け、活発に質問の手を挙げてくれました。普段の仕事や勉強では考えることの少ないであろう大きな視点からの考察が、知識欲を大いに刺激したのだろうと思いました。質疑を通じて議論は深まりました。この本はそうした受講生たちとの共同作業でできあがったものだと考えています。

一色 清（いっしき きよし）
一九五六年愛媛県生まれ。朝日新聞社教育コーディネーター。

姜尚中（カン サンジュン）
一九五〇年熊本県生まれ。聖学院大学学長、東京大学名誉教授。

藤原帰一（ふじわら きいち）
一九五六年東京都生まれ。東京大学大学院法学政治学研究科教授。

保阪正康（ほさか まさやす）
一九三九年北海道生まれ。ノンフィクション作家・評論家。

金子 勝（かねこ まさる）
一九五二年東京都生まれ。慶應義塾大学経済学部教授。

吉岡桂子（よしおか けいこ）
一九六四年岡山県生まれ。朝日新聞編集委員。

東《ひがし》アジアの危機《きき》「本《ほん》と新聞《しんぶん》の大学《だいがく》」講義録《こうぎろく》

二〇一四年七月二二日 第一刷発行　　集英社新書〇七四五B

著者……一色《いっしき》 清《きよし》／姜尚中《カンサンジュン》／藤原帰一《ふじわらきいち》／保阪正康《ほさかまさやす》／金子《かね こ》 勝《まさる》／吉岡桂子《よしおかけいこ》
発行者……加藤 潤
発行所……株式会社集英社
東京都千代田区一ツ橋二-五-一〇　郵便番号一〇一-八〇五〇
電話　〇三-三二三〇-六三九一（編集部）
〇三-三二三〇-六三九三（販売部）
〇三-三二三〇-六〇八〇（読者係）
装幀……原 研哉
印刷所……大日本印刷株式会社　凸版印刷株式会社
製本所……加藤製本株式会社
定価はカバーに表示してあります。

ISBN 978-4-08-720745-3 C0236　Printed in Japan

a pilot of wisdom

集英社新書　好評既刊

a pilot of wisdom

- 没落する文明　萱野稔人　神里達博
- 人が死なない防災　片田敏孝
- イギリスの不思議と謎　金谷展雄
- 妻と別れたい男たち　三浦展
- 「最悪」の核施設　六ヶ所再処理工場　小出裕章　渡辺満久　明石昇二郎
- ナビゲーション「位置情報」が世界を変える　山本昇
- 視線がこわい　上野玲
- 「独裁」入門　香山リカ
- 吉永小百合、オックスフォード大学で原爆詩を読む　早川敦子
- 原発ゼロ社会へ！　新エネルギー論　広瀬隆
- エリート×アウトロー　世直し対談　堀田力　玄秀盛
- 自転車が街を変える　秋山岳志
- 原発、いのち、日本人　浅田次郎　藤原新也 ほか
- 「知」の挑戦　本と新聞の大学Ⅰ　一色清　姜尚中 ほか
- 「知」の挑戦　本と新聞の大学Ⅱ　一色清　姜尚中 ほか
- 東海・東南海・南海　巨大連動地震　高嶋哲夫
- 千曲川ワインバレー　新しい農業への視点　玉村豊男

- 教養の力　東大駒場で学ぶこと　斎藤兆史
- 消されゆくチベット　渡辺一枝
- 爆笑問題と考える　いじめという怪物　太田光　NHK「探検バクモン」取材班
- 部長、その恋愛はセクハラです！　牟田和恵
- モバイルハウス　三万円で家をつくる　坂口恭平
- 東海村・村長の「脱原発」論　村上達也　神保哲生
- 「助けて」と言える国へ　奥田知志　茂木健一郎
- わるいやつら　宇都宮健児
- ルポ「中国製品」の闇　鈴木譲仁
- スポーツの品格　桑田真澄　佐山和夫
- ザ・タイガース　世界はボクらを待っていた　磯前順一
- ミツバチ大量死は警告する　岡田幹治
- 本当に役に立つ「汚染地図」　沢野伸浩
- 「闇学」入門　中野純
- 100年後の人々へ　小出裕章
- リニア新幹線　巨大プロジェクトの「真実」　橋山禮治郎
- 人間って何ですか？　夢枕獏 ほか

a pilot of wisdom

集英社新書　好評既刊

子どもの夜ふかし 脳への脅威
三池輝久　0735-I
慢性疲労を起こして脳機能が低下するという、子どもの睡眠障害。最新医学から具体的な治療法を明示する。

人間って何ですか?
夢枕 獏　0736-B
脳科学や物理学、考古学など、様々な分野の第一人者を迎え、人類共通の関心事「人間とは何か」を探る。

非線形科学 同期する世界
蔵本由紀　0737-G
「同期（シンクロ）」は生命維持にも関与している物理現象。知られざる重要法則を非線形科学の権威が解説。

体を使って心をおさめる 修験道入門
田中利典　0738-C
金峯山修験本宗宗務総長の著者が自然と共生する修験道の精神を語り、混迷の時代を生き抜く智慧を伝授。

ちばてつやが語る「ちばてつや」
ちばてつや　0739-F
『あしたのジョー』『あした天気になあれ』などで知られる漫画界の巨人が自身の作品や創作秘話を語る!

メッシと滅私「個」か「組織」か?
吉崎エイジーニョ　0740-H
サッカーW杯で勝負を分けるものとは。代表が超えられない「壁」の正体に迫る。本田圭佑らの証言満載。

書物の達人 丸谷才一
菅野昭正編／川本三郎／湯川 豊／岡野弘彦／鹿島 茂／関 容子　0741-F
小説、随筆など幅広い領域で活躍した丸谷才一。丸谷の文学世界を解説した世田谷文学館での講演の書籍化。

原節子、号泣す
末延芳晴　0742-F
『晩春』『麦秋』『東京物語』で女優原節子は泣き崩れる。その号泣の意味と小津映画の本質に迫る評論。

百歳の力
篠田桃紅　0743-C
墨や金箔で描く抽象画が海外でも高い評価を得る。百歳を過ぎた今も現役で活躍する芸術家の初の人生訓。

釈迦とイエス 真理は一つ
三田誠広　0744-C
ふたりの教祖の教えには意外な共通点があった! 釈迦の「諦」、イエスの「隣人愛」を主に具体的に解説。